STUDIO**P**APERBACK

MARTIN FRÖHLICH

Gottfried Semper

Verlag für Architektur

Für Rolf Peter Kaufmann als Dank für viele lange Spaziergänge über Architektur

Printed in Switzerland
ISBN 3-7608-8128-9

Inhalt

Vorwort

Wer nicht Hochschulangehöriger ist und einem «Brotberuf» nachgeht, meldet sich seltener zu Wort, weil für ihn das Schreiben eine Freizeitbeschäftigung darstellt. Das muß nicht notwendigerweise bedeuten, daß zwischen diesen seltenen Manifestationen keine gedankliche Auseinandersetzung mit dem Lieblingsobjekt – in diesem Fall die Architektur des 19. Jahrhunderts – stattfindet. Anregungen dazu liefern der denkmalpflegerische Umgang mit Bauten dieser Epoche, Vorträge, Anfragen von Fachleuten, Diskussionen unter Kollegen und Ausbildungsgespräche mit angehenden Architekten. Vor allem der Wissensdurst dieser jungen «Querdenker» bewirkt immer wieder neue Problemstellungen und zeitigt Antworten, wo vorher nicht einmal Fragen waren.

Wenn sich dieses Buch nun doch nicht in erster Linie an diese jungen Frager richtet, dann aus Sorge um den kräftig schwindenden Bestand an oft mißverstandenen Bauten jener Zeit (wie wenig nach hundert Jahren von den Bauten sogar eines berühmten Architekten übrig sein kann, zeigt Sempers Werk drastisch). Nur deren Verständlichkeit, deren Verstanden-Werden macht den Erhalt dieser Bauten plausibel und rettet sie so letztlich. Daß aber darüber hinaus eine neue Generation von Baufachleuten heranwächst, die befähigt ist, sensibler mit den Leistungen ihrer Vorfahren umzugehen, als unsere Generation es vermag, davon haben mich die letzten Jahre der Mitwirkung in der Architektenausbildung überzeugt.

Diesen jungen Fachleuten und ihren Lehrern gehört deshalb mein erster Dank. Mein Dank richtet sich aber auch an meinen akademischen Lehrer Prof. Dr. Adolf Max Vogt, der immer zu neuen Fragen ermuntert hat, an den Präsidenten und die Mitglieder der Eidgenössischen Kommission für Denkmalpflege, in deren Schoß das technische Rüstzeug zur Verteidigung der Bauten des 19. Jahrhunderts gefunden werden konnte, und an meine Arbeitsstelle, das Amt für Bundesbauten in Bern, wo sich Vorgesetzte und Kollegen durch die Vermittlung historischen Fachwissens immer wieder zu ungewohnten Lösungen haben «hinreißen» lassen.

Es mag nun so aussehen, als wenn für mich Gottfried Semper für das 19. Jahrhundert die zentrale Architektenfigur gewesen sei. Diese Figur gibt es nicht. Semper erscheint nur – dank seiner Vielseitigkeit – als ein gutes Beispiel eines Architekten dieser Epoche. Er soll als Beispiel – Beleg, nicht Vorbild – dienen. Daß mir diese Gelegenheit zum Versuch geboten wurde, zu zeigen, wofür Semper Beleg, Beispiel sein könnte, dafür danke ich dem Verlag für Architektur Artemis sowie seinen Mitarbeitern Dr. Robert Steiger und Urs Berger-Pecora ganz herzlich.

Martin Fröhlich

Kritik an der herkömmlichen Architekturgeschichte

In jeder herkömmlichen Architekturgeschichte kommt das sogenannte «19. Jahrhundert» schlecht weg. Das zeigt sich schon an diesem hilflosen Titel. Die meisten Versuche einer Gliederung in Epochen überzeugen nicht: Entweder wird ein willkürlicher und meist weit überdehnter *Klassizismus* oder *Neoklassizismus* eingeführt und diesem Begriff so viel zugeordnet wie Früchte dem Birchermüsli, oder dann findet man dieselben Phänomene unter dem Titel *Historismus*. Beide Bezeichnungen gehen am Wesentlichen vorbei.

Der Begriff Klassizismus birgt allerdings den Vorteil, daß er mindestens originale Leistungen signalisiert, während durch alle Bezeichnungen mit dem Präfix «Neo» den unter ihnen subsumierten Werken der Rang echter Architekturleistungen abgesprochen wird. Es sind Worte und Wörter, mit denen wir denken.

Wenn nun der Versuch unternommen werden soll, am Beispiel einer Architektenpersönlichkeit Einblicke in die Architekturwelt dieses «19. Jahrhunderts» zu vermitteln, muß es zunächst gelingen, das Eigenartige, Besondere und für uns Wichtige als solches darzustellen und es nicht zum vorneherein durch die eingeführten Bezeichnungen und Begriffe als zweitrangig zu diffamieren.

Architekturgeschichte als Zweig der Kunstgeschichte ist wie diese ein Kind jenes «19. Jahrhunderts», dessen Architektur hier interessiert. Sie ist auf den «Axiomen» aufgebaut:

1. Die «Künstler» einer Epoche schaffen zur gleichen Zeit und in der gleichen Gegend vergleichbare Formen. Es lassen sich Qualitätsunterschiede feststellen und, wo nötig, Hinweise auf Datierungen ablesen.
2. Anhand der «Kunstwerke» läßt sich eine Entwicklung, das heißt der Aufbau und der Verfall eines Formenkanons (Stils), darstellen.

Diese Grundlagen tragen das Denkmodell der Unterteilung der Geschichte in Stilepochen und vermitteln die der Aufklärung und der Technologie so liebe Vorstellung vom Fortschritt. Dieser zeigt sich in der in allen Übersichten der Architekturgeschichte abgehandelten und abgewandelten «Stiltreppe», die vom romanischen zum gotischen Stil über die Renaissance zum Barock und schließlich zum Klassizismus führt. Weil es nun zu kompliziert würde, überspringt man die folgenden sechzig bis achtzig Jahre, kommt unvermittelt zum Jugendstil, um dann bald die Väter der Moderne zu feiern. Sie haben sich durch ihre eigenen Schriften – und diejenigen ihrer Apologeten – quellengesicherten Boden unter den Füßen geschaffen. Die Historiker danken es ihnen durch breite Darstellung jener architektonischen Werke.

Um der Architektur – zumindest jener der Zeit zwischen der Entstehung der Architekturschulen und dem Ersten Weltkrieg – gerechter zu werden, bedarf es eines Denkmodells, eines Gliederungssystems der Architekturgeschichte, das Architekten und Architektur-Objekte nicht schon zum voraus verunglimpft und sie als phantasielose Kopisten beziehungsweise Kopien darstellt. Dieses Denkmodell muß den spezifischen Eigenarten jener Zeit angepaßt sein. Da das «Geschehene» nicht Inhalt, sondern Gegenstand der «Geschichte» ist, muß sich die Geschichte, die Beschreibung dieses Gegenstandes, an Regeln, eben Denkmodelle, halten, die diesem Gegenstand gerecht werden.

Generelle Tatsachen, wie etwa die «Bevölkerungszunahme» ab etwa 1770, die eine Vergrößerung des Bedarfs an umbautem Raum bewirkt, die Verbesserung der Drucktechnik, die die Voraussetzungen für Architekturzeitschriften und damit für eine Egalisierung des Wissensstandes über weite Gebiete schafft, die Eröffnung von Architekturschulen, welche zwar die alte Atelier-Ausbildung nicht überflüssig machen, sie aber grundlegend beeinflussen und die Architektur so umgestalten, daß aus einer «Kunst» eine «Wissenschaft» entsteht – diese Tatsachen lassen die bekannte «Stiltreppe» als Denkmodell für die Beschreibung der Architektur zwischen etwa 1770 und 1918 so ungeeignet erscheinen, wie es die euklidische Geometrie für die Quantenmechanik ist.

Um der Architektur des 19. Jahrhunderts einen besseren Beigeschmack zu verleihen, wurde die Darstellung der «Neostiltreppe» häufig begleitet durch eine Schilderung der «Neuen Bauaufgaben». Die Darstellung von Theater, Zuchthaus, Museum und Industriebau sollen (wie der Orangensaft im Lebertran) die «Formengeschichte» genießbarer machen. Theater, Zuchthaus etc. erfuhren zwar in jener Zeit eine rasante Entwicklung, weil die Zunahme der Bevölkerung auch nach solchen Neubauten rief. Das heißt aber noch lange nicht, daß diese Art von Bauten das Wesen der damaligen Architektur ausmache. Es ist vielmehr den Historikern dabei entgangen, daß sie lediglich den Aufgabenkatalogen der Dozenten in den frühen Architekturschulen entlang geschrieben haben. Dabei ist ihnen der fatale Fehler unterlaufen, daß sie die Sätzchenrechnungen mit der Mathematik verwechselten. So wie Sätzchenrechnungen gelöst werden, um die Grundsätze der Mathematik zu lernen, aber selber diese Grundsätze nicht sind, so sagen die einzelnen Bauaufgaben nicht viel über die Grundsätze der Architektur jener Zeit aus. Sie sind deshalb als Teil eines Denkmodells über Architektur jener Jahre ungeeignet – aber sie sind eine großartige Beispielsammlung.

Diese Hinweise mögen genügen, um darzulegen, daß die Architekturschilderung für das 19. Jahrhundert andere, möglicherweise eigene Denkmodelle braucht. Auch solche Modelle haben von gewissen Voraussetzungen auszugehen. Diese sollen im folgenden knapp umrissen werden.

Architektur wird «Schulfach»

Genauso wie die meisten Erstklässler ohne viel Vorwissen in die Schule eintreten, benötigen die Architekturstudenten kaum Erfahrungen auf diesem Gebiet, um in eine Architekturschule aufgenommen zu werden. Es gab und gibt sogar Dozenten, die der Auffassung huldigen, daß solches Vorwissen lediglich die Aufnahmebereitschaft der Studierenden in falsche Richtungen kanalisiere. Das verhält sich so, seit es Architekturschulen gibt. Das bedeutet aber letztlich, daß die längst beschriebene *Trennung von Hand- und Kopfarbeit* eine so totale ist, daß kaum mehr Berührungspunkte zwischen diesen Arbeitsbereichen bestehen. Um es mit den Begriffen der Industrieentwicklung zu formulieren: Während die Architektur zu einer Wissenschaft wird (etwas anderes ist letztlich in der Schule nicht vermittelbar), blieb das Bauwesen bis in unsere Tage auf dem Entwicklungsstand der Manufaktur stehen. Die gedankliche, wissenschaftliche Entwicklung und die Produktionsweise klaffen weit auseinander.

Da aber Schüler «für das Leben lernen» und nicht für die Schule, ist diese neue Wissenschaft dann gezwungen, das Gedachte mit den Mitteln der Manufakturproduktion zu realisieren – wenn das Gedachte überhaupt realisiert werden soll (seit Pontens Buch sind unzählige Schriften über Architektur, die nicht gebaut wurde, erschienen).

Die Architekturschule vermittelt im wesentlichen die Fähigkeit, Pläne zu zeichnen. Die Pläne haben (im Glücksfall) den Charakter von «Befehlen» an die Baustelle. Ein Befehl, der nicht ausgeführt werden kann, ist sinnlos. Zur Realisierung vorgesehene Architekturentwürfe haben sich demnach im Rahmen des logistisch, technisch und konstruktiv Möglichen zu halten. Das wissenschaftlich Denkbare muß sich deshalb mit den Formen des Machbaren ausdrücken lassen. Diese Situation führt unweigerlich zu einer gedanklichen Überbelastung der Formgebung. Die Form besitzt spätestens jetzt nicht mehr ihren Sinn in sich selbst, sondern übernimmt eine oder mehrere Bedeutungen, die nicht in ihr selber liegen.

Also soll hier das alte Thema von Architektur als Bedeutungsträger wieder abgehandelt werden? Ja und nein. Alle Architektur war und ist Bedeutungsträger. Im Moment, da Architektur aber auch Schulfach wird, das Studenten lernen, die sich die Zulassung durch einen entsprechenden Bildungsausweis verschafft haben (Wettbewerb, Matur etc.), wird Architektur nicht nur Bedeutungs-, sondern auch Informations- und Bildungsträger und -vermittler.

In der bürgerlichen Gesellschaft ersetzt die Bildung den Geburtsadel der früheren Standesgesellschaft. Die Architekturschule vermittelt deshalb eine *Bildungsarchitektur.* Weil die Bildung in dieser Zeit eine humanistisch-historische ist (der mathematisch-naturwissenschaftliche Bildungsgang entwickelt sich in einer gewissen Breite erst im 20. Jahrhundert), beschränkt sich die Bildungsvermittlung, auch in der Architektur, zwangsläufig auf philosophisch-historische Inhalte.

Der Begriff «Historismus» kommt eigentlich seinem Wesen nach dem Wunsche gleich, die Unterschiede zwischen Menschen anhand ihrer Haarfarbe zu beschreiben. Natürlich bestehen diese Unterschiede, nur ob sie für die beschriebenen Menschen von Bedeutung sind, darf doch bezweifelt werden.

Architektur als Ausdruck von Ideologien

Spätestens seit Schinkels Entwurf zum Mausoleum für Königin Luise von Preußen 1811, der diese Grabstätte als gotische Weihehalle darstellt, bedeutet «gotisch» nicht mehr (nur) gotisch, sondern auch «deutsch», «antinapoleonisch», genau wie einige Jahre zuvor «römisch», genauer «antik-römisch», die Bedeutung «napoleonisch» oder eben «Empire» eingestanzt und aufgesetzt erhalten hat. Nur das fatale Denken in der Stiltreppe ließ vergessen, daß das «Empire» nicht eine eigene Stilstufe ist, sondern eine bewußte Formadaptation der römischen Antike darstellt, die – ähnlich wie die Architektur Karls des Großen – die Wiederaufnahme des römischen Reichsgedankens und Eroberungswillens sinnfällig machen soll.

Nun können Auseinandersetzungen, die politisch und militärisch geführt werden, auch einen architektonischen Ausdruck erhalten. Architektur wird (vielleicht jetzt nur endgültig, denn solche Ansätze hat es auch früher schon gegeben) zu einem Mittel der politischen und ideologischen Auseinandersetzung. Ihre Aufgabe erfüllt die Architektur wiederum mit Formen aus der Architekturgeschichte, weil keine andern zur Verfügung stehen – und auch, weil keine andern von den durch die Architektur Angesprochenen verstanden werden können. Diese von der Architektur Angesprochenen spielen (spätestens) von jetzt an eine außerordentlich wichtige Rolle in der Architektur selbst. Der ganze Aufwand zur Darstellung von Bildungs- und Ideologie-Inhalten wäre sinnlos ohne diejenigen, an die sich diese Informationen richten. Das ist nicht in erster Linie «die Bevölkerung», sondern es sind jene Zeitgenossen mit demselben oder einem ähnlichen Bildungshintergrund wie die Architekten, die die Formen bauen lassen.

Das heutige Verständnis für jene Architektur bedarf demnach – weil die heutige Bildung eine andere ist – der Übersetzung, allenfalls der Anleitung zur Übersetzung durch den Architekturhistoriker. Wird sie durch die offensichtliche Mittelbarkeit ihrer Wirkung für unsere Gesellschaft eher verzichtbar?

Die Rolle der Farbe in der Architektur

Als Jakob Ignaz Hittorf 1826 seine sizilianischen Entdeckungen publizierte, konnte er wohl annehmen, daß seine polychromen Funde als Sensation aufgenommen werden würden; mit Sicherheit dachte er aber nicht daran, daß sein Bericht über die ursprüngliche Bemalung der griechischen Tempel auf Sizilien einen eigentlichen Glaubenskrieg heraufbeschwören würde, in welchem er zuerst von der Académie des Inscriptions et Belles-Lettres zum archäologischen Versager gestempelt wurde und 1834 schließlich als Sieger aus dem Streit mit dieser Akademie hervorging. Von Sempers Beteiligung am Streit als Parteigänger Hittorfs wird später noch die Rede sein.

Aber bereits hier scheint es wichtig, mit aller Deutlichkeit darauf hinzuweisen, daß Hittorfs Entdeckung der antiken Polychromie die Architekturwelt seiner Zeit buchstäblich auf den Kopf gestellt hat. Da die Entdeckung gegen die mächtige Akademie verteidigt werden mußte und sich gegen den Widerstand berufener Fachleute durchsetzte, kommen der Polychromie der Architektur zwei Bedeutungen zu, die bisher in der Architekturtheorie überhaupt nicht diskutiert worden sind:

– Die farbige Fassung von Bauwerken weist den Urheber eben dieses Bauwerks damals als modern gebildeten Architekten aus, der sich nicht auf die Sentenzen der «Fachpäpste» verläßt.

– Die Wahl eines Formkanons wird bestimmt durch die Möglichkeit, ja Notwendigkeit, diese Bauformen farbig zu fassen.

Dadurch wird die Diskussion über Materialgerechtigkeit und Materialechtheit, die in Sempers theoretischen Werken immer wieder aufklingt, in der notwendigen Breite verzögert bis gegen das Jahrhundertende (um 1885, als «Begleiterscheinung» des Jugendstils). In der Zwischenzeit ersetzt die Darstellung der Materialien – durch ihre Wiedergabe als Malerei – die Materialien selber. Damit kommt der Farbe in der Architektur eine sehr wesentliche Aufgabe zu.

Es sind nicht so sehr die historischen Stilformen, die den «Stil» des Jahrhunderts prägen, es ist die Farbigkeit der Architektur, die ihr wesentlichstes Element bildet. Mit weit mehr Berechtigung als von «Eklektizismus» (Versuch der Titelgebung der Perioden des 19. Jahrhunderts in den 1920er und 1930er Jahren) oder vom «Historismus», der heute gängigen Bezeichnung, spräche man vom «Polychromismus», von der «Polychromik».

Es kann in einer relativ kurzgefaßten Monografie nicht darum gehen, einen ganzen Wissenschaftszweig «umzukrempeln». Aber die Monografie kann generelle Probleme aus einem speziellen Blickwinkel heraus diskutieren, Sachverhalte schildern, die gerade aus der Betrachtung einer sehr prägnanten Persönlichkeit heraus besonders deutlich aufscheinen.

Gottfried Sempers Karriere begann mit seinem Anteil am «Polychromiestreit» und wurde geprägt durch seine Beschäftigung mit dem Verhältnis zwischen Architektur und Farbe. Sempers Laufbahn als Architekt begann mit seiner Berufung zum Professor für Architektur an der Akademie in Dresden. Semper hat lehrend seine Architektur entwickelt, er hat lehrend gelernt. Seine Architektur ist deshalb vielleicht besonders diskussionsfähig, vielleicht auch in besonderem Maße intellektuell erfaßbar.

Aber die Beschäftigung mit seiner Architektur zeigt rasch, daß hier keine speziellen, eingeschränkten Phänomene der Architektur seiner Zeit vorliegen, sondern vielmehr, daß die Phänomene der Architektur seiner Zeit an ihm besonders deutlich erfaßt werden können.

Eine Monografie über Gottfried Semper darf deshalb nicht bei der Schilderung seiner Existenz und seiner Arbeit enden, sie muß auch aufzeigen, daß Semper damals kein Einzelfall war, sondern lediglich ein besonders sprechendes Beispiel.

Gottfried Semper als junger Professor in Dresden; Bleistiftzeichnung von Otto Speckter (1807–1871), fast unleserlich bezeichnet «27. Febr. 1837».

Der Forscher

Gottfried Semper, als fünftes Kind von Christian Gottfried Emanuel Semper und Johanna Maria geb. Paap am 29. November 1803 in Altona geboren, wuchs als Däne auf. Altona, wo die Familie seiner Mutter eine Wollspinnerei besaß, gehörte damals noch zum dänischen Herzogtum Schleswig-Holstein. Weil sein Vater vor der Heirat in Hamburg gelebt hatte, blieben die Beziehungen zur Hansestadt eng. Gottfried wurde nach seinem Abitur, noch bevor er 1823 ein Studium in Göttingen antrat, in die Hamburger Freimaurer-Loge seines Vaters aufgenommen. In der Studienrichtung schwankte er zwischen Jurisprudenz – der Wunsch seiner Eltern – und naturwissenschaftlichen Fächern.

Im Oktober 1825 verließ er Göttingen, um einen «thätigen Beruf»[1] zu erlernen. Weil er «schon immer etwas Praktisches nötig»[2] gehabt habe, schrieb er sich in der Münchner Kunstakademie als Student Friedrich Gärtners ein. Gärtner vermochte ihn offenbar nicht zu fesseln. Er begab sich als Praktikant zum Fürstlich Thurn-und-Taxischen Hofarchitekten Klein nach Regensburg, wo ihn Architektur zu interessieren begann. Wegen der aktiven Teilnahme an einem Duell in Regensburg mußte er außer Landes fliehen. Klein versorgte ihn mit Empfehlungen für deutsche Architekten in Paris. Dort traf er am 10. Dezember 1826 ein.

Weil er Ferdinand Nebel (1782–1860) in Paris nicht erreichen konnte, trat er ziemlich zufällig ins Atelier von Franz Christian Gau (1790–1853) ein. Semper schilderte nun zum ersten Mal einen Lehrer: «Ich besuche das Atelier des Herrn Gau und habe schon ziemlich von ihm profitiert. Er ist ein vortrefflicher Mann. Er giebt sich viele Mühe und hat herrliche Beispiele aus Italien mitgebracht. Sein Werk über Egypten [Antiquités de la Nubie] kennst Du. Nach dem Ableben von Herrn Masoix hat er auch die Fortsetzung des berühmten Werkes ‹Les Ruines de Pompéa› übernommen. Sein Umgang ist im höchsten Grade lehrreich und kann mich für alle Entbehrungen entschädigen. Seine übrigen Schüler sind wenig vertraut mit mir und gehen nächstens nach Italien. Sie sind alle aus der Weinbrennerschen Schule. Lauter Deutsche[...]»[3]

Gau verschaffte ihm Zutritt zum Salon der Bankierswitwe Valentin. Dieser Salon galt damals als Pariser Treffpunkt der kulturell interessierten Deutschen. In den Monaten, während derer Semper dort verkehrte, fanden sich neben Gau auch Hittorf, Ingres, Alexander von Humboldt, Heine und Schinkel ein. Diese Kontakte führten Semper in die Diskussion um die polychrom gefaßte Architektur und Plastik im Altertum ein und vermittelten ihm das «Generalthema» für seine große Reise. Seinen Eltern gegenüber rechtfertigte er seine Reiseabsichten:

«Ich, um einen nothwendigen Theil meiner Ausbildung zu erwerben, *muß* nach Italien und mein Alter [er ist 27 Jahre alt] *duldet* keinen Aufschub. In der sichern Überzeugung daß ich hingehen werde, habe ich nicht kopiert, was andere gesammelt haben, sondern lieber eigene Ideen hervor zu bringen versucht; um später selber an Ort und Stelle zu sammeln. Mein ganzes Studirsystem würde durch die Veränderung meines Plans über den Haufen geworfen[...]»[4]

Die Bedenken der Eltern waren nicht etwa finanzieller, sondern gesundheitlicher Natur. Im Oktober 1830 reiste Gottfried über Genua, Pisa und Florenz nach Rom. Dank einer Empfehlung konnte er Thorvaldsen besuchen. Er verkehrte im Caffé Greco wie viele andere «Deutsch-Römer» auch. Im Februar 1831 reiste er weiter nach Pompeji und im Mai über Neapel und Paestum nach Messina. Im Oktober 1831 erhielt seine Familie Nachricht von ihm aus Nauplia, der damaligen Hauptstadt des befreiten Griechenlands. Im November machte er sich in Athen an die Untersuchungen am Theseus-Tempel. Dort erreichte ihn die Nachricht vom Tod seines Vaters. Vollgepackt mit Ergebnissen fuhr er im Juli 1832 nach Italien zurück.

Semper begann bereits in der Quarantäne-Station in Bari mit der Niederschrift seines Forschungsberichts: Er *hatte Farbspuren* an den berühmtesten Tempeln Griechenlands *gefunden* und damit die fehlenden Beweise geliefert für die Richtigkeit von Hittorfs umwälzender Theorie der Polychromie der antiken Architektur und Plastik. Semper konnte nun den «Polychromiestreit» zu Hittorfs Gunsten entscheiden. Im November 1832 konnte er in Rom die Trajanssäule nach Farbspuren untersuchen und veröffentlichte diese Funde kurz nachher, dank seiner Bekanntschaft mit Bunsen, dem Leiter des Archäologischen Instituts in Rom. Er lernte aber auch den Altonaer Etatsrat Donner kennen, dem Thorvaldsen die erste Fassung seiner Drei Grazien verkauft hatte. Donner sollte Sempers erster Bauherr werden.

Im August 1833 trat Semper die Heimreise an, nachdem er die bereits verfaßten Schriften nach Hamburg geschickt hatte. Diese gingen verloren. Trotzdem verhandelte er in München mit Cotta über eine Publikation, besuchte um die Weihnachtszeit Schinkel in Berlin und traf kurz nach Neujahr 1834 wieder in Altona ein. Nachdem die Manuskriptsendungen nicht wieder aufgetaucht waren, galt es, in aller Eile die Forschungsergebnisse erneut niederzulegen. Das, wohl des Zeitdrucks wegen, schmale Schriftchen «Vorläufige Bemerkungen über bemalte Architectur und Plastik bei den Alten» erschien im Sommer 1834 in Altona. Damit hatte sich Semper einen Namen geschaffen, der ihn – weil Gau die Berufung ablehnte und Semper empfahl – auf den Architekturlehrstuhl der Kunstakademie Dresden brachte. Dort traf er am 25. September 1834 ein, stattete die vorgeschriebenen Besuche bei den zukünftigen Kollegen und bei den Ministern ab, wurde darauf dem sächsischen König vorgestellt und leistete am 30. September den sächsischen Untertaneneid. Damit war aus dem Dänen ein Sachse geworden.[5]

1 Brief Sempers an seinen Bruder Carl vom 25. September 1825 aus Göttingen.
2 Brief Elise Sempers an ihren Bruder Gottfried vom 22. März 1825 aus Altona.
3 Brief Sempers an Döbner (Jugendfreund?) vom 5. August 1827 aus Paris.
4 Brief Sempers an seinen Vater vom 26. August 1830 aus Paris.
5 Brief Sempers an seine Mutter vom 30. September 1834 aus Dresden.

Über die Rolle der Farbe in der Architektur

Sempers Einsatz zur Entscheidung im Polychromiestreit war zu Beginn sicherlich durch die Sympathie für seinen Lehrer Gau und dessen Freunde, Hittorf vor allem, gekennzeichnet. Dafür spricht, daß sogar die Reiseroute seiner «grand tour» bis zum Abstecher nach Griechenland der Reise Hittorfs durch Sizilien glich.

Semper war sich sofort der Bedeutung seiner Entdeckung der Farbspuren am Parthenon und am Theseus-Tempel in Athen bewußt. Diese Entdeckung würde den Polychromiestreit Hittorfs zu ungunsten der Pariser Akademie entscheiden. Dieses Bewußtsein beflügelte den jungen Architekten, ließ ihn in Bari, Neapel und Rom 1833 ein umfangreiches Werk über die Bedeutung der Farbe in der Architektur verfassen und es auf dem schnellsten Weg, auf dem Seeweg, nach Hamburg senden; wohl um es durch seine Familie, wahrscheinlich seinen Bruder Wilhelm, der ihm als Chemiker bei der Analyse der Farbspuren von der Trajanssäule geholfen hatte, für eine Publikation unmittelbar nach seiner Ankunft zu Hause vorbereiten zu lassen. Auf der Reise gingen aber Manuskript und Abbildungen, wahrscheinlich auch viel Skizzenmaterial, verloren.

Die relativ kleine Schrift «Vorläufige Bemerkungen über bemalte Architectur und Plastik bei den Alten» (Altona 1834) sollte nur die Urheberschaft Sempers an diesen Entdeckungen sichern. Er hatte nämlich in seinem Stolz vielen Leuten – Schinkel etwa, weswegen er auf der Rückreise einen Umweg über Berlin genommen hatte – von seinen Entdeckungen erzählt. Noch immer hatte er bei der Publikation der «Vorläufigen Bemerkungen» sein seereisendes Manuskript nicht ganz verloren gegeben. Deshalb auch der Titel. Doch das Schriftchen erfüllte seinen Zweck: Die Akademie mußte Hittorf recht geben. Die «Alten» hatten – nicht nur in der großgriechischen Provinz Sizilien – ihre Bauten und Standbilder farbig bemalt.

Die erdbebenartige Wirkung dieser Erkenntnis können wir uns heute kaum mehr vorstellen: Das noch von Goethe besungene Ideal des Südens von Tempelarchitekturen mit (marmorweißen) Plastiken zwischen dunkelgrünem Laub und vor einem strahlend blauen Himmel («Kennst du das Land, wo die Zitronen blühn ...»), das Winckelmann beschworen und während der ganzen Zeit des Klassizismus als Credo gegolten hatte, war zerstört. Die neue Erkenntnis gebot nun, *sich Architektur farbig vorzustellen.* Um 1835 bestand noch kein naturwissenschaftlicher Bildungsgang. Noch konnten alle Gebildeten – auch die Akademiker unter den Architekten zählten sich dazu – Latein, teilweise auch Griechisch. Ihr Geschichtsbewußtsein war vom Zweiten Punischen Krieg weit stärker geprägt als von den Geschehnissen der Französischen Revolution. Jedes Schaffen in einem Bildungsbereich – und auch die Architektur galt als solcher – bedurfte der *Legitimation durch die Geschichte,* verstand sich als Fortsetzung der Geschichte mit den Mitteln der neuen Zivilisation und Technik.

Nun bestand eine Legitimation für die farbige Gestaltung der Architektur. Die Farbigkeit der Architektur entwickelte sich zum eigentlichen Stilmerkmal der Architektur der Jahrzehnte zwischen 1835 und dem Ersten Weltkrieg – und nicht die Formen der sogenannten Neo-Stile. Diese Stilformen besaßen lediglich die Aufgabe, im Einzelfall die Farbigkeit des Gebäudes zu begründen.

Eine ganz andere Frage stellte sich auf der technischen Ebene: Wie konnte – gerade in Nordeuropa – mit der schlechten Haltbarkeit der zur Verfügung stehenden Farben das Äußere eines Gebäudes farbig gestaltet werden? Nun begab sich ein Jahrhundert auf die

Suche nach farbigen Baumaterialien – und fand eine ganz eigene Farbpalette, wie das Lieblingsbauspielzeug der Epoche – der «Anker»-Steinbaukasten – unter Beweis stellt. In dieser Zeit wurden nicht nur wetterfeste farbige Baumaterialien, sondern auch wettersichere, für Malereien geeignete Stellen an Gebäuden gesucht – und gefunden: Niemals sonst waren verglaste und hinter der durchsichtigen Glasfront farbig gestaltete Loggien, Eingangspartien, Wintergärten beliebter als in dieser Epoche. Jede Frieszone zwischen den obersten Fenstern eines Gebäudes und dem Dachvorsprung erhielt mehr oder weniger bunte Ornamente, weil sie dort vor Schlagregen und Eis sicher waren. Je bildungsbewußter Bauherr und Architekt sich fühlten, desto farbiger gestalteten sie ihre Bauten.

Selbst scheinbar monochrom gedachte Bauten, Hausteinfassaden etwa, wurden aus Steinen verschiedener Provenienz aufgeführt. Lange galt als einziger Grund dafür die Haltbarkeit «besserer» Steine, die an exponierten Lagen, Gesimsen etwa, oder für besondere Gestaltungen, Kapitelle und dergleichen, Verwendung fanden. Heute, da solche Bauten, an deren schmutzig einheitliches Grau wir uns längst gewöhnt haben, zum großen Teil zum ersten Mal überarbeitet werden, können wir feststellen, daß offenbar nicht nur die Haltbarkeit ausschlaggebend war, sondern daß gerade auch die leichten Farbunterschiede dieser Natursteine bewußt als Gestaltungsmittel eingesetzt wurden, um damit die monochrome Wirkung des Gebäudes zu brechen.

Semper selber empfahl zur Brechung des monochromen Eindrucks von Bauten, auch Sgraffiti einzusetzen; einen Rat, den er selber unter anderem an der Nordfassade des Zürcher Polytechnikums befolgte. Für diesen Fassadenschmuck zeichnete er selbst die Vorlagen in natürlicher Größe.

Allerdings dürfte auch er den empfindlichen Mangel an polychromen Gestaltungsmitteln, die sich als einigermaßen witterungsunempfindlich erwiesen, verspürt haben, denn er ergriff jede Gelegenheit, farbig gestaltete Baukörper zu realisieren. Dies kommt wohl in der Baugeschichte des Treichlerschen Waschschiffs in Zürich am besten zum Ausdruck. Aber auch sein Erstling, der Museumspavillon Donner in Altona, sollte als Beispiel polychromer Architektur verstanden werden. Der hochinteressante Briefwechsel zwischen dem frischgebackenen Akademieprofessor in Dresden und seinem Jugendfreund Franz Georg Stammann, der den Bau in Altona zu Ende führte, vermittelt nicht nur Einblicke in das Baugeschehen um 1835, sondern auch in die Gestaltungsabsichten, die Semper damals verfolgte.

Zeitgenossen Sempers, Viollet-le-Duc etwa, vervollständigten den Fächer historischer Legitimationen für polychrome Architekturgestaltung, indem sie sich mit der Erforschung und Ergänzung mittelalterlicher Architektur beschäftigten. Sie brachten dadurch die Auffassungen und neuzeitliche Rezeption von gotischer Bauweise im Mittelalter in Bewegung.

Der Wandel in der Architekturauffassung bewirkte bald einen Wandel in der Architekturdarstellung. Da ein hoher Grad von Farbigkeit gefordert war, galt bald das dargestellte, aufgemalte Architekturdetail gleichviel wie das real dreidimensional geschaffene. Architektur hatte nicht ausgeführt, sondern dargestellt zu sein. Das Fehlen dreidimensionaler Baudetails, ihre lediglich Darstellung als «trompe l'œuil» galt ja nicht als Hochstapelei und Vortäuschung falscher Tatsachen, sondern als Ausdruck einer modernen Architekturkonzeption – daß sich gerade die Spekulanten, die damals große Geschäfte machten, an diese aktuelle und auch ökonomischere Architekturauffassung hielten, versteht sich von selbst.

Die malerische Dichte des plastischen Architekturschmucks verteuerte diesen in so hohem Maße, daß nur Kirchen und Repräsentationsbauten von sehr hohem Rang nicht darauf verzichten mußten. Überall sonst ersetzte die Architekturdarstellung im Innern der Gebäude die Architektur in «echten» Materialien vollkommen. So löste sich der Architekturschmuck, die

Architekturgestaltung überhaupt allmählich aus den tektonischen «Zwängen» der Architektur, wurde malerischer, aber auch unverbindlicher. Dies ist einer der Gründe, die zur Auflösung der Beziehung zwischen den Materialgegebenheiten und der Formgestaltung führten. Eine Entwicklung, die in der Kritik des kunstgewerblichen Ausstellungsgutes der Weltausstellung von 1851 in London angeprangert wurde und neue Konzeptionen in der Ausbildung zu kunstgewerblichen Berufen brachte, die enge Zusammenarbeit zwischen Kunstgewerbe-Museum und -Schule. Die Kritik an der Weltausstellung 1851 lieferte aber auch den Ausgangspunkt zu Sempers schriftlichem Werk «Der Stil», über dessen Wirkung noch die Rede sein wird.

Semper in Wien; Aufnahme von Dr. Székely, Opernring 1, Wien.

Der Architekt

Als Semper in Dresden eintraf, machte die Stadt ihrem Namen «Elbflorenz» alle Ehre, sie war – wieder – zu einem kulturellen Zentrum Mitteleuropas geworden. Sachsen erholte sich von seiner Isolation und Amputation nach dem Wiener Kongreß. Hof und Stadt strebten danach, Dresden zur Hauptstadt des Königreichs Sachsen auszubauen, denn seine barocke Pracht verdankte es ja seiner Vergangenheit als Residenzstadt des Königreichs Polen, dessen Herrscher die Vorfahren des regierenden Monarchen von Sachsen gewesen waren[1]. Kulturelle Bauten wie ein Neubau des Hoftheaters, der Hoforangerie, der Ausbau der Königlichen Gemäldegalerie beschäftigten Bevölkerung und Behörden[2]. Zudem wuchs die Stadt und bedurfte eines Ausbaus ihrer Infrastruktur und einer Vermehrung ihres Schmucks[3]. Der neue Professor stürzte sich mit eigenen Ideen in die Auseinandersetzungen mit den bisherigen Lokalmatadoren. Dabei wurde offenbar der Hofarchitekt, Otto von Wolframsdorf (1803–1849), sein Hauptkonkurrent.

Nach seinen «Vorläufigen Bemerkungen» erscheint der erste Auftrag, die Säle für die Königliche Antikensammlung im Japanischen Palais neu zu gestalten, fast als zwangsläufig. Offenbar konnte er mit dem Bau des Frauenaltersheims, des Maternispitals, seine Fähigkeiten als praktischer Architekt unter Beweis stellen. Nun folgten Planungen und Bauaufträge Schlag auf Schlag. Besondere Bedeutung unter diesen Arbeiten erlangten die Planungen um das Zwingerforum, die zum Bau der Gemäldegalerie führten, und der Bau des Ersten Hoftheaters. Nach der Eröffnung des Hoftheaters 1842 und der Veröffentlichung seiner Forums- und Museumsprojekte in der «Allgemeinen Bauzeitung» 1844 zählte Semper zu den ersten Architekten des deutschsprachigen Raums.

Bald nach seinem Amtsantritt in Dresden heiratete Semper am 1. September 1835 die Tochter eines sächsischen Berufsoffiziers, Bertha Thimmig (9. November 1810–13. Februar 1859). Sie gebar ihm zwischen 1836 und 1848 sechs Kinder[4]. Frau Bertha dürfte ihrem Gatten, dem damaligen Rollenverständnis gemäß, einen persönlichen Halt gegeben haben. Dies spricht aus dem Briefwechsel zwischen den beiden während Sempers Exil in London. Frau Semper blieb in dieser Zeit in Dresden mit ihren Kindern unbehelligt. Sie starb bald nachdem die Familie in Zürich wieder ein gemeinsames Heim gefunden hatte.

In der Stadt knüpfte das Ehepaar (dem erhaltenen, umfangreichen Briefwechsel nach zu schließen) viele gesellschaftliche und kulturelle Kontakte. Unter diesen wurde der jüdische Bankier Martin Wilhelm Oppenheim besonders wichtig. Für ihn und wohl durch seine Vermittlung schuf Semper seine interessantesten privaten Bauten in Dresden : Die Synagoge, die zu einer Art Prototyp für den Synagogenbau des emanzipierten Judentums der zweiten Hälfte des 19. Jahrhunderts in Europa geworden ist[5]; die «Villa Rosa», das Sommerhaus des Bankiers vor der Stadt, und sein Stadtpalais an der Bürgerwiese, dessen Konzeption auf dreieckigem Grundriß (des vorhandenen Bauplatzes wegen) große Aufmerksamkeit erregte. Alle diese Bauten sind heute zerstört. Aber das Sempersche Grabmal der Familie Oppenheim auf dem Trinitatisfriedhof besteht, schlecht unterhalten, noch.

In der Dresdner Zeit errang Semper nicht nur mit seiner Forumsplanung, sondern auch mit drei Projekten für den Wiederaufbau, respektive Neubau der Nikolaikirche in Hamburg, von

Bertha Semper-Thimmig mit ihrer ältesten Tochter Elisabeth (geboren 7. September 1836); Bleistiftzeichnung von Otto Speckter, unbezeichnet, aber wohl gleichzeitig mit dem Portrait Sempers.

der nach dem Stadtbrand 1842 praktisch nur noch der Turm übriggeblieben war, starke Beachtung. Semper schien damals mit seinem «nazarenischen» Entwurf gegen die «Gotiker» im Kirchenbau Stellung zu nehmen. In Wirklichkeit machte er die Stilwahl von der Definition der Bauaufgabe abhängig und erwies sich bereits 1843/45 als Architekt und nicht als Ideologe.

Alle Bauten und Entwürfe dienten ihm dazu, sein Anliegen der Farbigkeit der Architektur zur Wirkung zu bringen: Das Hamburger Wohn- und Offizin-Haus seines Bruders Wilhelm, der Apotheker geworden war, ließ er durch C. G. Rolle mit einem großen Sgraffito schmükken. Rolle hatte auch die Sgraffiti am obersten Geschoß des Zuschauerraums des Opernhauses in Dresden ausgeführt. Die Ikonologien seiner Bauten umfaßten nicht nur häufige bildliche Darstellungen, sondern auch die Darstellung der an sich richtigen Baumaterialien.

Semper fand – offenbar durch den Kontakt mit seinen Studenten – nicht nur Zeit für Bauten und kulturelle Anlässe, er begann sich auch politisch zu betätigen. In diesem Zusammenhang mag interessieren, daß er, seine Frau und Richard Wagners Gattin Minna[6] in der Oper die Loge mit August Röckel[7] teilten, wie ein erhaltener Logenzettel von damals beweist. Nachweislich war Semper, wie auch Richard Wagner, Mitglied der Akademischen Legion, die zur Zeit des Paulskirchen-Parlaments 1848 dem sächsischen König eine Verfassung abtrotzen wollte[8]. So ist Sempers Beteiligung am Barrikadenbau in Dresden 1849 keineswegs ein Zufall, wie er später vorgab, sondern die Konsequenz seiner politischen Einstellung[9].

Wie die andern «Rädelsführer» des mit Hilfe von preußischen Truppen unterdrückten Aufruhrs mußte Semper fliehen und sich außerhalb der Grenzen des Deutschen Bundes begeben. So reiste er zunächst nach Paris und später nach London, um sich dort eine neue Existenz aufzubauen und dann seine Familie zu sich zu holen[10]. Als Architekt und Wissenschaftler profitierte Semper ganz außerordentlich von den beiden Aufenthalten. Doch zu einer existenzsichernden Arbeit kam es nicht. So sagte er rasch zu, als ihm, dank der Vermittlung Richard Wagners, der Architekturlehrstuhl am neu gegründeten Eidgenössischen Polytechnikum in Zürich angeboten wurde[11]. 1861 wurde der Flüchtling Schweizer Bürger[12].

1 Siehe: Das Dresdener Schloß, Katalog zur Ausstellung, herausgegeben durch die Staatlichen Kunstsammlungen Dresden, Dresden 1989.

2 Siehe: Fritz Löffler, Das alte Dresden, 7. Auflage, Leipzig 1984.

3 Siehe: Volker Helas, Architektur in Dresden 1800–1900, Braunschweig 1985.

4 Es waren dies:
Johanna Elisabeth (1836–1872), verheiratet mit Heinrich Mölling, Oberbürgermeister von Kiel;
Carl Manfred (1838–1913), Architekt, Bauleiter des zweiten Opernhauses in Dresden, später in Hamburg, verheiratet mit Mary Lange;
Conrad Julius (1841–1925), Kaufmann, lebte in Philadelphia/USA, verheiratet mit Mary, später mit Susan Slemmer;
Anna Catharina (1843–1926), verheiratet mit Theodor Sickel, Professor für Geschichte in Wien;
Hans Gottfried (1845–1920), Professor für Kunstgeschichte in Innsbruck, verheiratet mit Caroline von Becker-Dornfels;
Gottfried Emanuel (1848–1911), Bildhauer, arbeitete mit Manfred am zweiten Opernhaus in Dresden, später in den USA, verheiratet mit Liddy Heidel.

5 Siehe: Helmut Eschwege, Die Synagoge in der deutschen Geschichte, Wiesbaden 1980.

6 Minna Wagner, geborene Planer (1809–1866), Wagners erste Gattin, mit der das Ehepaar Semper nach 1849 in dauerndem Briefkontakt stand.

7 August Röckel (1814–1876), ab 1843 Musikdirektor am Dresdner Hoftheater, später entlassen, Redaktor der Volksblätter, Barrikadenkämpfer 1849. Dort wurde er verhaftet und erst 1862 entlassen.

8 Siehe: Ausstellungskatalog Gottfried Semper 1803–1879, Dresden 1979 und Fribourg 1980, vor allem Einleitung: Reiner Gross und Manfred Kobuch, Ereignisse der Zeit, S. XVII ff.

9 In verschiedenen Briefen versuchte er seine Beteiligung an den Mai-Ereignissen 1849 geringer darzustellen, als sie gewesen sein müssen.

10 Zur ganzen Periode des Exils siehe Wolfgang Herrmann, Gottfried Semper im Exil, gta Bd. 19, Basel und Stuttgart 1978.

11 Zur Wahl Sempers nach Zürich siehe Albert Knoepfli, Zu den Zürcher Kreisen der frühen Semperzeit, in: Gottfried Semper und die Mitte des 19. Jahrhunderts, gta Bd. 18, Basel und Stuttgart 1976.

12 Die Gemeinde Affoltern am Albis, Kanton Zürich, wählte Semper nach der Vollendung des Kirchturms zum Ehrenbürger. Seine Nachkommen sind bis heute Bürger dieser Gemeinde.

Semper genoß in gestalterischer Hinsicht eine für seine Zeit durchaus konventionelle Ausbildung. Seine Arbeiten der Studienzeit in Paris (ältere Blätter haben sich mit hoher Wahrscheinlichkeit nicht erhalten) stützen diese Vermutung. Die Ausstrahlung der Ausbildungsweise der Ecole Polytechnique und der Ecole des Beaux-Arts prägte demnach auch die Ausbildung der privaten Ateliers wie desjenigen von Gau. Wir dürfen deshalb annehmen, daß die «Preçis des leçons d'architecture», von Jean-Nicolas-Louis Durand (1760–1834) verfaßt und ab 1802 erschienen, das wichtigste Lehrbuch auch für Sempers gestalterische Ausbildung gewesen sind. Der «Entwurf für einen Palazzo», der sich in Skizzenform erhalten hat, war Semper so wichtig, daß er dieselbe Aufgabe, die er im Atelier Gau zu lösen hatte, als Professor am Zürcher Polytechnikum selber seinen Studenten ebenfalls mindestens einmal stellte.

Sempers Skizzen und diejenigen seines Schülers Alfred Friedrich Bluntschli (1842–1934) weisen darauf hin, wie sehr sich Semper an Durands Art der Grundrißgestaltung hielt: In erster Linie ging es darum, den Grundriß, was seine sichtbaren Teile betraf, so zu «korrigieren», daß er regelmäßig erschien. Dieser «regelmäßige» Grundriß wurde daraufhin so mit Baukörpern besetzt, daß sich die Gesamtanlage symmetrisch darstellte und optisch zum Teil eines völlig regelmäßigen Stadtplans wurde. Dieses Verfahren verdeutlichte Durand im Dritten Teil seiner «Preçis» so ausgezeichnet, daß in den 80 Jahren zwischen den «Preçis» und Camillo Sittes «Der Städtebau nach seinen künstlerischen Grundsätzen» (1889) keine grundsätzliche Arbeit über den Städtebau mehr notwendig erschien.

Semper pflegte die im Prinzip von Durand festgelegte Gestaltungsweise noch am Ende seiner Dresdener Zeit. Der Grundriß zum Palais Oppenheim von 1845 zog die Bewunderung der Zeitgenossen auf sich, weil er auf dem vorgesehenen, höchst unregelmäßigen Grundstück Erinnerungen an eine Vorlage Durands aufkommen ließ und damit den «Altmeister» ehrte, nachdem er ihn in den «Vorläufigen Bemerkungen» als «Schachbrettmeister» verspottet hatte.

Semper dachte – wie seine Zeitgenossen – in konkreten Bautrakten. Gebäude ergaben sich durch Division des Baugeländes und durch Addition oder Konfiguration der Baukörper. Damit entstanden aber nicht etwa einfach die baulichen Hüllen einzelner «Bauaufgaben», wie sie in der Architekturgeschichte aufgezählt und dargestellt sind und wie sie Durand als Entwurfsaufgaben gestellt und in seine «Preçis» aufgenommen hatte. Es entstanden vielmehr *Bautypen,* vergleichbar den Archetypen in C. G. Jungs Psychologie[1].

Wie jedermann besaßen die Architekten das Bedürfnis, in Analogien denken zu können: Typen erleichterten dieses Denken. Die Bautypen entstanden aber auch als Orientierungsanleitung für Benützer, Besucher und Betrachter, die auf Hilfe bei der Identifizierung der Bauten und bei der Orientierung in den Bauten angewiesen waren.

Die Bautypen lieferten dem Architekten eine erste Stufe der Annäherung an das real gestellte Problem und dem Benützer, Besucher und Betrachter eine erste Information über Art und Struktur des Baues. Ihr wichtigster Gehalt bestand aber wohl in der diesen Typen eigenen Struktur, die dem Architekten selber einen gewissen Halt bei der Lösung seiner Projektierungen verschaffte und ihn zu einer diesen Typen entsprechenden Entwurfslogik zwang.

Die so herausgebildeten Bautypen waren: der *Tempel,* das *Haus,* der *Palast,* die *Burg* und (mutatis mutandis) die *Kirche*. Diese vier (oder fünf) Bautypen besaßen folgende Strukturen und lieferten die folgenden Informationen:

Der Tempel

Er stellte sich im wesentlichen als klar ausgerichteter Einraumbau mit hohem sozialem Prestige und wirkungsvollem Außenbezug dar. Der römische Tempel galt als höchste profane Würdeform der Antike. Der dorisch- oder ionisch-griechische Tempel wurde als höchste kulturell-religiöse Weiheform aufgefaßt.

Das Haus

Es besaß privaten Charakter (my home is my castle), dessen innere Strukturen für den Bewohner bekannt waren und die Betrachter nichts angingen. Das Haus war entstanden als kulturell hochstehende Fortentwicklung der «Ersten Hütte», der «Urhütte». Diese bildete den Gegenstand intensiver archäologischer und ethnographischer Forschungen und beanspruchte hohes kulturelles Interesse. Das Haus (an sich) wurde immer als Weiterentwicklung der Bauernhäuser gesehen und als Urform der damals in der Oberschicht so beliebten Villen. Das Haus besaß keinen Architekturschmuck, sondern lediglich bauhandwerkliche Verzierungen und kaum ausgeprägte, in seine Umgebung ausgreifende Ausrichtungen. Alles andere hätte seiner Privatheit Abbruch getan.

Der Palast

Er bedeutete eine auf Symmetrien aufgebaute Großanlage mit starkem Außenbezug und hohem Sozialprestige. Die Quartier- oder Baublockdimensionen, die die Stadtgeometer und -planer in den Neuquartieren schufen, sowie die Tendenz zu zusammenhängendem Bodenbesitz in einer Hand förderten den Bau von Großanlagen in den Wohn- und Geschäftsbereichen der Städte. Der Palast wurde damit zu einer Art «Normaltyp» in städtischen Verhältnissen sowohl für repräsentative Einzelbauten als auch für Arealbebauungen.

Die Burg

Sie vermittelte seit dem Mittelalter den Eindruck der Verhinderung des Außenbezugs, des in sich gekehrten Seins und der von außen nicht nachvollziehbaren inneren Organisation. Zugleich signalisierte die Burg ein hohes soziales Prestige, waren doch ihre mittelalterlichen Bewohner Adelige.

Die Kirche

Als einzige Baugattung wurde die Kirche ohne wesentliche architektonische Umgestaltung in die Architektur des 19. Jahrhunderts übernommen. In den europäischen Siedlungsbildern gehörte sie seit jeher zu den unverzichtbaren Elementen. Sie blieb auch in dieser Zeit die prestigeträchtigste Bauaufgabe, die einem Architekten überbunden werden konnte. Ihre Fähigkeit (unter anderem durch ihre Höhenentwicklung) quartierprägend zu wirken, die unbestrittenen Werte, die sie darstellte, und der Ausdruck von hoher baukünstlerischer und ethischer Tradition, der ihr eigen war, erhob diese Baugattung in den Rang eines Bautyps. Als Bauaufgabe wurde die Kirche «unbeschadet» in das 20. Jahrhundert weiter tradiert.

Diese Bautypen strahlen mit wenigen Ausnahmen ein mehr oder weniger hohes Sozialprestige aus. Das könnte mit eine Erklärung abgeben, weshalb die Architektur der Jahre zwischen 1830 und 1918 für uns Zeitgenossen der herannahenden Jahrtausendwende fast

	TEMPEL	HAUS	PALAST	BURG	KIRCHE
1. Informationsebene: Gliederung, Baukörper	1 Baukörper	maximal 2	3, 5, 7, etc.	unbestimmte Anzahl	mindestens Schiff und Turm/Dachreiter
2. Informationsebene: Dimension	1 Raum	wenige Räume	viele Räume	unbestimmt viele Räume	kein Hinweis
3. Informationsebene: Organisationsform	1 Raum	linear/ symmetrische Organisation	symmetrisch/ lineare Organisation	amorphe Struktur	Kirche
4. Informationsebene: Außenbezug	Distanz erheischend	Gartenzaun und -türe	ausgreifend	kein gewollter	gewollt
5. Informationsebene: ökonomisch/sozial	heilig	privat	reich/beherrschend	verteidigt	christlich
6. Informationsebene: historisch/kultureller Bezug	Antike/ Renaissance/ Außereuropa	vor allem: Renaissance/ Klassizismus	Renaissance Barock	vor allem: Mittelalter	alles möglich

Die Bautypen und ihr Informationsgehalt.

unerträglich großsprecherisch erscheint. Lange Zeit sind «Gründerjahre» und «viktorianisch» beinahe Schimpfworte gewesen.

Nur wenige Zweckbauten, die obendrein in den Kernzonen der Städte und Ortschaften nicht vorzukommen hatten, brauchten nicht unter einen der Bautypen subsumiert zu werden, Lagerhäuser etwa und Gewerbebauten gehörten zu diesen Bauwerken. Alles andere ließ sich nur über seinen Bautyp aufschlüsseln. Gerade in den Zentren mußte dieser Bautyp fast zwangsläufig ein Palast sein. Diese Paläste waren gezwungen, durch ihren Bauschmuck die Aufmerksamkeit ihrer Betrachter zu wecken. Eines der Mittel dazu war ein ausgefallener Formkanon, ein anderes auffällige Farbigkeit. Letztlich führten diese beiden Bedingungen zur Auflösung des ganzen Systems und zur Ausbildung eines Form- und Farbkanons, den wir heute als «Jugendstil» oder «Art nouveau» bezeichnen. Mit ihm wurde auch den vorher gültigen Bildungsinhalten der Architektur eine Absage erteilt: Das Wissenschaftliche der Architektur wurde durch das Künstlerische ersetzt: Impressionismus und Sezession erhielten in der Architektur ihre Parallele, wie sie schon vorher zwischen den «Künsten» bestanden hatte.

Es gehört *nicht* zu Sempers Verdiensten, diese Bautypen geschaffen zu haben. Dieses Verdienst kann wohl keinem einzelnen Architekten zugewiesen werden. Aber es gehört zu Sempers unbestrittenen Leistungen, mit diesen Typen entworfen zu haben und die Architektur über die Typisierung hinaus durch den Gebrauch von Entwurfselementen und die Einführung von lesbarem Architekturschmuck für Benützer, Besucher und Betrachter noch wesentlich weiter aufgeschlüsselt zu haben.

Kenner der Baumasse des 19. Jahrhunderts werden dem oben dargelegten entgegenhalten, daß vieles, was in der Zeit des «Historismus» gebaut worden sei, sich nun wirklich nicht unter einen der genannten Bautypen subsumieren lasse, es gelte doch, auch die großen Ingenieurleistungen jener Zeit zu berücksichtigen, wie etwa die Ausstellungsbauten, Verkehrsanlagen und Industriekomplexe.

Verfolgt man die damalige Fachdiskussion über diesen «Zweckbau», wird man rasch inne, daß damals niemand diese Nutzbauten mit dem hohen Begriff «Architektur» in Zusammenhang bringen wollte, im Gegenteil: Die heute zu Recht bewunderten Konstruktionen wie der Crystal Palace der Weltausstellung 1851 in London oder der Eiffelturm der Weltausstellung 1889 in Paris galten allenfalls als Gerüste, an denen Architektur «befestigt» werden könnte. Die Bemühungen, dem 1854 in Sydenham definitiv aufgestellten Crystal Palace durch entsprechende Einbauten architektonische Gestalt zu verleihen, können hier als Beispiel dienen.

Es gilt auch zu beachten, daß die oben beschriebenen Bautypen nicht an bestimmte Dimensionen gebunden sind. Auch ein riesiges Haus bleibt – ohne entsprechende Organisation und passende Würdeformen – ein Haus. Die rustikale Bauweise ruft in Erinnerung, daß Schuppen, Speicher, Stadel und Haus aus derselben Konstruktionslogik entstanden sind. Auch wenn solche «Schuppen» Hektaren von Gelände überstellen, bleiben sie Schuppen, Industriehallen, mithin «Häuser» gemäß diesen Bautypen.

Ausstellungs-, Industrie- und Verkehrsbauten umfassen wahrscheinlich nicht die Bauten, die die Definition von Bautypen in Frage stellen könnten.

Die in dieser Hinsicht problematischsten Bauten stammen aus zwei Gattungen, für die der «Historismus» eine besondere Vorliebe entwickelte: das Theater und die Villa.

Wenn gerade anhand von Gottfried Sempers Werk eine Bautypologie entwickelt wird, sollte diejenige Baugattung, mit der Sempers Name in besonderer Weise verknüpft wird, das Theater, mit dieser Theorie harmonieren können – oder wäre es angebracht, dem Theater, ähnlich wie der Kirche, einen eigenen Bautyp zu reservieren? Werden die Architekturleistungen aus Sempers Ära aus dem Blickwinkel der Baugattungen betrachtet, präsentiert sich eine spannende Geschichte der Entwicklung dieser Bauaufgabe. Semper hat zu dieser Entwicklung Wesentliches beigetragen.

Versucht man aber, das Theater in die Bautypologie einzugliedern, wird man es dem Bautyp Palast zuordnen müssen, wo es scheinbar nicht passen will, besonders wenn mit «Palast» ausschließlich Vorstellungen wie «Tuilerien» oder «Buckingham-Palace» verbunden werden. Nach der oben notierten Definition ist ein Palast «eine auf Symmetrie aufgebaute Großanlage mit starkem Außenbezug und hohem Sozialprestige». Also kein Problem, weil das alles für das Theater ja zutrifft? Doch: Die oben zitierten Symmetrien der Palastanlage dienen dazu, den Palast vor dem Besucher und Benützer «auszubreiten», ihm mit Hilfe der Würdeformen wie Kuppeln und Tempelfronten seine innere Organisation zu erklären und damit zum Betreten zu ermuntern. Die Symmetrieachse des Theaters ist, ähnlich wie bei den meisten Kirchen, zugleich auch die Organisationsachse, auf der die Räume des Gebäudes hintereinander geschaltet werden: Eingang, Haupttreppe, Logen, Zuschauerraum, Bühne, Hinterbühne. Die Symmetrie vermag da keine Erklärung zu vermitteln, im Gegenteil, sie wirkt wie die Seitendekorationen auf der Bühne, sie schafft Räume, die durchblickt oder durchschritten werden müssen, um von ihnen Kenntnis zu nehmen.

Spätestens seit der Projektierung des großen Festspielhauses am Isarufer in München schien genau dieser Umstand Semper zu stören. Ein Theater nach den damals gültigen Vorstellungen, wie das Opernhaus für Rio de Janeiro, von dem Semper bei der Projektierung in München ausgegangen war, erlaubte keinesfalls die für die städtebauliche Situation am erhöhten Isarufer notwendige Breitenentwicklung des Theaters. Diese Breitenentwicklung wurde nur ermöglicht durch eine radikale Abkehr von der traditionellen Organisation, deren Achse bisher senkrecht zur Fassade in die Tiefe der Anlage gewirkt hatte. Verlief nun aber die Organisation des Theaters parallel zur Fassade, wurde eine solche Breitenentwicklung, wie sie in München städtebaulich notwendig war, auch als Fassadenabwicklung möglich. Eine Funktionsanalyse des großen Festspielhauses zeigt, daß dort zum ersten Mal zwei sich im

Zuschauerraum kreuzende Funktionsachsen entwickelt worden waren: Die nach wie vor senkrecht zur Fassade verlaufende Blickachse Foyer-Logengang-Zuschauerraum-Orchester-Bühne und die parallel zur Fassade verlaufende Zuschauerverkehrsachse. Die relative Kürze des Zuschauerraums, die Höhe des Bühnenturms und die Idee der ausladenden Treppenhäuser unterstützen diese Tendenzen. Damit war aber ein Palast entstanden, der herkömmlichen Palast-Vorstellungen recht nahe kam.

Bei den Vorprojekten zum Wiener Burgtheater versuchte Semper mit andern Mitteln eine ähnliche Wirkung zu erzielen, als er darüber nachdachte, ob «die Burg» nicht parallel zur Ringstraße organisiert werden könnte, der Straße also eine der Seitenfassaden, die länger sind, zukehren könnte. Als «Aufhänger» dafür diente die Zufahrt für den Kaiser, die dann an der Hauptfassade des Theaters zu liegen gekommen wäre und nicht wie etwa bei der Pariser Oper, die sich damals im Bau befand, «nur» an einer Seitenfassade. So hätte das Hofschauspielhaus von der Ringstraße her einen ähnlichen Eindruck geboten wie van der Nüll und Sicard von Siccardsburgs Hofoper von der Kärntnerstraße, der früheren Hauptverkehrsachse Wiens, aus: den eines Palastes.

Semper scheint erst allmählich das Münchner Organigramm erfolgreich auf das Burgtheater und auf die Zweite Dresdener Hofoper übertragen zu haben. Zweifellos schuf er damit ein Palast-Theater, dessen Schema von Palermo bis Warschau Anwendung fand. Damit war aber auch der Versuch, das Theater als Musen-«Tempel» zu formulieren, den etwa Schinkel beim Schauspielhaus in Berlin und Luccä bei der Alten Oper Frankfurt am Main unternommen hatten, endgültig überwunden: Das Theater wurde dem Bautyp Palast zugeordnet.

Die Villa, der andere Liebling des 19. Jahrhunderts, zwingt ebenfalls zu eingehenderen Betrachtungen.

Es ist müßig, an dieser Stelle die Entstehung der Villa als vorstädtisches Wohnhaus des gehobenen Mittelstandes schildern zu wollen. Sicher besitzt sie zwei recht verschiedene Wurzeln: das städtische Adelspalais und den Landsitz. Der Landsitz, einerseits die durch den Palladianismus im ganzen europäischen Kulturkreis propagierte «Villa» der venetianischen Terra Ferma und andererseits das seiner militärischen Funktion entkleidete «Schloß», ist oft mit der hier gemeinten Villa des 19. Jahrhunderts verwechselt worden. Zwischen diesem Landsitz und der Villa besteht ein grundlegender städtebaulicher Unterschied. Die Villa ist hier gemeint als das in einer eigenen Bauparzelle freistehende (allenfalls einseitig angebaute) Wohnhaus der sozial gehobenen Vorstadt, des Villenquartiers. Der Landsitz befindet sich abseits der städtischen Agglomeration. Zu ihm gehört ein Pachthof, und vielerorts, etwa zum deutschen Rittergut oder zum französischen Château, gehört zum Landsitz sogar ein Dorf.

Die Villa des 19. Jahrhunderts ist unabhängig von einem Landwirtschaftsbetrieb und auf den städtischen Markt bezogen. Daß große Villen oft Gewächshäuser und eigene Gärtnereien besitzen, ändert an dieser prinzipiellen Unterscheidung nichts. Die Villa des 19. Jahrhunderts hat mit der «Villa» der Terra Ferma nur die Bezeichnung gemeinsam (was hier mit den Anführungsstrichen verdeutlicht werden soll).

Der Einwand, daß es in suburbanen Zonen Landsitze gebe, ist unerheblich. Es dürfte leicht nachzuweisen sein, daß der betreffende Landsitz, älter als die ihn umgebende suburbane Zone, erst nachträglich in den Sog der Stadt geraten ist und sich deshalb wie ein Findling im betreffenden Villenquartier ausnimmt. Sollte das da und dort wider Erwarten nicht zutreffen, dürfte es sich bei diesen Beispielen um die berühmten Ausnahmen handeln, die die Regel bestätigen.

Die Villa ist fast überall der Vorreiter der Stadtentwicklung. Das Bedürfnis der Oberschicht, außerhalb der städtischen Enge zu repräsentieren, läßt die Villen entstehen. Die Geschwindigkeit der damaligen Stadtentwicklung wird heute oft übersehen. Die locker mit Villen besetzten Quartiere werden bald einem Quartierplan unterworfen. So entsteht die Möglichkeit zu Renditebauten für die in den Altstädten zusammengepferchten untern sozialen Schichten. Die ökonomisch bewußte Oberschicht gibt ihre Villen zugunsten der Renditebauten auf. Die Stadtquartiere im Schachbrettmuster des 19. Jahrhunderts dehnen sich aus, und Villen entstehen am neuen Stadtrand.

Weil aber immer wieder alte Besitzer ihre Villen in den neuen städtischen Quartieren nicht aufgeben (wollen), entsteht die für uns reizvolle Durchmischung der Stadtquartiere des 19. Jahrhunderts mit Villen und ihren Gärten. Oft werden stadtnahe Landsitze in der Art aufgegeben, daß zwar die repräsentativen Wohnhäuser bestehen bleiben, das bisher landwirtschaftlich genutzte Gebiet aber überbaut wird. Damit der verkaufende Besitzer des Landsitzes nicht grob gestört werde, erlaubt er nur eine Villenbebauung um seinen Landsitz herum. Unter anderem so entstehen eigentliche Villenquartiere. Die Idee der Gartenstadt verleiht später dieser Tendenz noch Auftrieb.

In dieser städtebaulich, ökonomisch und architektonisch unübersichtlichen Situation bleiben auch die Referenzen für den Villenbau vielfältig – was für uns ebenfalls einen Teil des Reizes dieser Baugattung ausmacht.

Als Referenzen werden natürlich auch Palladios «Villen», die französische Château-Architektur des 17. und 18. Jahrhunderts und mittelalterliche Burgen herangezogen. Es heißt ja in England «My home is my castle».

Weil Villen aber am Stadtrand, mit Blick aufs Land, entstehen, liegt es ebenso nahe, als Referenzen auch rustikale Bauweisen zu bemühen. Der «Schweizerhausstil» evoziert die Vorstellung vom moralisch guten Leben auf dem Lande (das man aber gerne mit städtischem Komfort verbinden möchte). Auf diese Weise gerät nicht nur die «Villa» zum Vorbild, sondern auch ihr Pachthof. Es ist unter anderem auch diese Tendenz, die damals das Interesse der Architekten an der jeweiligen Bauernhausarchitektur fördert[2].

Das alles kann nur zum Ergebnis haben, daß die Villa als Baugattung nicht fest einem Bautyp zugeordnet werden kann, ja, ihr Beispiel zeigt wohl deutlich, daß – mit Ausnahme der Kirche – *alle Bauaufgaben vom Bautyp unabhängig* sind. Villen können also als Bautyp Häuser (z. B. Sempers Villa Garbald), Burgen oder Paläste (z. B. Sempers Villa Rosa) sein.

1 Carl Gustav Jung, Über die Archetypen des kollektiven Unbewußten, Eranos-Jahrbuch 1934, S. 179 ff.
2 U. a. Ernst Georg Gladbach (1812–1896), wird 1857 als Professor für Holzbau an das Eidgenössische Polytechnikum nach Zürich berufen. Die von ihm gesammelten Studien sind publiziert: Die Holzarchitektur der Schweiz, Zürich 1875.

Gottfried Semper zur Zeit der Wiedereröffnung der Hofoper in Dresden 1878.

Der Lehrer und «Meister»

Am neugegründeten Polytechnikum in Zürich war Semper mit 5000 Franken Jahresgehalt der höchstdotierte der Professoren[1]. Das allein zeigt schon die Wertschätzung, die der junge liberale Bundesstaat dem berühmten Architekten und – das darf nicht unterschätzt werden – leidgeprüften Gesinnungsgenossen entgegenbrachte. Bis zum Jahre 1855 besaß die Schweiz keine eigene Hochschulausbildungsstätte für Architekten. Architekten erlangten, falls überhaupt, ihre Hochschulausbildung in Paris, Karlsruhe, München, Wien oder Mailand[2]. Semper erhielt also die Möglichkeit, eine eigene Architektenschule aufzubauen. Diese neue Ausbildungsstätte wurde erst nach und nach akzeptiert. Die Studentenzahl der Erstsemestrigen stieg erst 1859 über ein halbes Dutzend an[3].

In der ersten Zeit seiner Zürcher Lehrtätigkeit sah sich Semper offenbar gezwungen, seine wissenschaftlichen Arbeiten, zu denen er sich schon in London verpflichtet hatte, endlich abzuschließen. In den Jahren 1860 und 1863 kamen die beiden Bände des «Stil» heraus. Ein projektierter dritter Band zu den Problemen der Architektur wurde nie geschrieben[4].

Die Jahre 1860 bis 1864 zeichneten sich durch seine umfangreichste Bautätigkeit in der Schweiz aus. In diese Zeit fielen die allermeisten seiner Bauten. Nachher wurden nur noch sein Lieblingsgebäude, das Stadthaus in Winterthur, und das Geschäftshaus Fierz errichtet. Die Jahre vor 1860 und nach 1864 brachten seine wichtigsten Projekte: das Opernprojekt für Rio de Janeiro 1858 und die Projekte für ein Richard-Wagner-Festspielhaus in München 1864 bis 1866.

In den Jahren 1862 bis 1868 umfaßten seine ersten Studienjahre die meisten Studenten. Nun begannen stets weit über 15 Studenten ein Architekturstudium bei Semper. Aber immer schlossen pro Jahrgang höchstens acht Architekten ihr Studium in Zürich mit dem Diplom ab.

Nachdem für seine Teilnahme am Preisgericht des Wettbewerbs für die Kunsthalle Hamburg sein Dresdner Steckbrief aufgehoben worden war, begehrte man den Zürcher Professor überall als Preisrichter in Architekturwettbewerben. Diese Jurorentätigkeit brachte ihn auch nach Wien, wo er als Folge seines Gutachtens den Auftrag zum Ausbau der Hofburg und ihrer Kulturannexe erhielt.

Nach 1865 vermehrten sich Sempers Klagen über seine Isoliertheit und den hohen Grad seines Verkanntseins in der Schweiz. Er fühlte sich als Architekt unterbeschäftigt und offenbar als Architekturlehrer nicht ausgelastet. Zudem ärgerte er sich über die Art, wie man ihn zwar um Gutachten und Projekte bat, die Realisierung dann aber in andere Hände legte[5]. Der Ton, den er in seinem Absagebrief an seinen Bauherrn Rieter-Rothpletz[6] anschlug, und die Selbstverständlichkeit, mit der er den Einsatz des Winterthurer Stadtpräsidenten J. J. Sulzer für die Realisierung des Winterthurer Stadthauses akzeptierte[7], vermögen vielleicht ein Licht auf Sempers Selbsteinschätzung zu werfen.

Jedenfalls, als ihm der höchst ehren- aber, wie sich später herausstellen sollte, auch dornenvolle Auftrag in Wien winkte, hielt ihn nichts mehr in der Enge der Schweiz. Sicher mögen dabei auch seine Verpflichtungen für den Unterricht in Zürich, der frühe Tod seiner Frau, das Erwachsenwerden seiner Kinder und seine dadurch drohende persönliche Verein-

Gottfried Semper 1869. Erinnerungsbild an das Architekten-Diplom 1869, links außen Semper, rechts außen Julius Stadler, neben ihm Georg Lasius, die beiden Stellvertreter Sempers, die den Architekturunterricht am Polytechnikum in Zürich weiterführten bis zur Wahl von Sempers Nachfolger Alfred Friedrich Bluntschli 1881.

samung eine Rolle gespielt haben. Am Ende des Studienjahres 1870/71 brach er mitten in der Projektierungsarbeit für das neue Theater in Dresden und für die Hofmuseen in Wien seine Zelte in Zürich ab und dislozierte nach Wien.

Damit begann die für ihn wahrscheinlich unerfreulichste Periode seines Lebens. Hier war er nun einerseits dem Hof verpflichtet und andererseits dem Neid und Klatsch der Kollegen und der Gesellschaft ausgesetzt. Der dreißig Jahre jüngere Karl von Hasenauer (1833–1894) konnte wohl nicht besonders gut mit dem ihm vom Hof vor die Nase gesetzten alten Herrn umgehen, wollte sicher in die gemeinsame Arbeit eigene Ideen einbringen und ertrug die Zurücksetzung der «Semperianer», die ihren verehrten Lehrer nach Wien begleitet hatten[8], schlecht. Umgekehrt besaß der Wiener Hasenauer wahrscheinlich alle Möglichkeiten, dafür zu sorgen, daß die aus Zürich importierten Bäume nicht in den Himmel wuchsen. Deshalb trat Semper, offensichtlich krank, aber auch entnervt, 1876 von allen Verpflichtungen im gemeinsamen Bauauftrag – dem Gesamtplan für Hofburg, Museen und Burgtheater – zurück.

Sein Gesundheitszustand zwang ihn zu längeren Aufenthalten in Italien. Mit seinem Sohn Manfred, der in Dresden die Bauarbeiten an der Oper leitete, blieb er in ständigem Brief- und Telegrammkontakt. Zur Zeit der Eröffnung der zweiten Dresdener Oper 1878 lebte Semper in Venedig und wurde mit Ehrungen aller Art förmlich überschüttet. Gottfried Semper starb am 15. Mai 1879 in Rom. Er wurde auf dem Protestantischen Friedhof bei der Cestiuspyramide begraben.

Seinen Nachlaß versuchten seine Zürcher Schüler nach und nach in einem «Semper-Museum» zu sammeln, gleichzeitig verteilte Manfred vorab das zeichnerische Material aus dem Familienbesitz an ihm wichtig erscheinende Sammlungen, vor allem an die Dresdener Akademie, wo er hoffte, einmal quasi Nachfolger seines Vaters zu werden. Diese Hoffnungen zerschlugen sich rasch. Aber sie waren letztlich die Ursache für den Verlust eines bedeutenden Teils des graphischen Nachlasses[9]. Der schriftliche Nachlaß aber und die umfangreiche Korrespondenz sind fast verlustfrei auf uns gekommen[10]. Diese Dokumente geben nicht nur einen großartigen Einblick in dieses Leben, sondern auch in das Zeitgeschehen jener Epoche.

1 Siehe: Festschrift zur Feier des fünfzigjährigen Bestehens des Eidgenössischen Polytechnikums, Bd. I, Frauenfeld 1905, S. 173.
2 Die Ausbildung der Schweizer Architektenschaft vor 1855 blieb leider bis heute nur teilweise erforscht.
3 Siehe: Martin Fröhlich, Semper als Entwerfer und Entwurfslehrer, Typoskript, ETHZ Dissertation 1974.
4 Siehe: Wolfgang Herrmann, Gottfried Semper im Exil, gta Bd. 19, Basel und Stuttgart 1978.
5 Das war auch beim Bahnhof Zürich, beim Kursaal Baden und bei weiteren Vorhaben so.
6 Siehe: Gottfried Semper, Zeichnerischer Nachlaß an der ETH Zürich, Basel und Stuttgart 1974, S. 96ff.
7 Siehe Peter Wegmann, Gottfried Semper und das Stadthaus Winterthur, Winterthur 1985.
8 Verschiedene seiner ehemaligen Studenten, die weiterhin in seinem Atelier gearbeitet hatten, begleiteten ihn oder besuchten ihn wenigstens längere Zeit in Wien.
9 Die Bestände in der Dresdener Akademie wurden im Februar 1945 bei der Bombardierung Dresdens weitgehend zerstört, hingegen blieben die Fotos davon in der Meßbildstelle Berlin erhalten.
10 Er wurde für das Semper-Museum gesammelt. Nach dessen Auflösung befindet er sich nun im Semper-Archiv der ETHZ.

Sempers Grab auf dem protestantischen Friedhof an der Cestius-Pyramide in Rom.

Architektur als Bildungsprodukt und Bildungsausweis

Als Semper am 26. August 1830 seinem Vater aus Paris schrieb: «[...] habe ich nicht kopiert, was andere gesammelt haben, sondern lieber eigene Ideen hervor zu bringen versucht; um später selber an Ort und Stelle zu sammeln [...]», brachte er die damalige Architektenausbildung auf die kürzestmögliche Formel: Sie bestand darin, über ein Wissen von bereits gebauten – also erprobten – Formen zu verfügen, das den Architekten im gegebenen Fall in die Lage versetzen würde, daraus die passenden für die Umsetzung der anstehenden Aufgabe auszuwählen. Semper stellte – aus welchen Gründen auch immer – dieser Sammeltätigkeit das Hervorbringen eigener Ideen gegenüber, zu deren späterer Realisierung er sich gerne nachher einen Überblick über «das Vorhandene» verschaffen wollte.

Damit könnte der Nachweis erbracht sein, daß es damals letztlich eben doch nur um das Einbringen historisierender Formen in die Architektur gegangen sei. Aber: Hier stellt sich doch die wesentlich interessantere Frage, wie denn «Ideen» hervorgebracht wurden und was nach welchem System «gesammelt» wurde.

Über beides geben Sempers Studienaufenthalt in Paris und seine große Reise nur unzulänglich Auskunft. Die Reise stellte Semper fast gänzlich in den Dienst der archäologischen Forschung und der Frage nach der Rolle der Farbe in der Architektur der Antike. Von seinen Studien in Paris besitzen wir leider kaum Parallelbelege von Zeitgenossen oder gar Atelierkollegen, die den Grad an Eigenständigkeit von Sempers Lösungen in Preisaufgaben etc. aufzeigen würden. Wenn aber J. N. L. Durands «Précis des Leçons d'Architecture» (Paris 1802 ff.) zum Vergleich herangezogen werden, liegt der Schluß nahe, daß zur Studienzeit der Grad seiner Selbständigkeit kein hoher war.

Vergleicht man überdies die von Semper gezeichneten und gebauten Formen mit den Sammlungen, die er auf der großen Reise angelegt hat, so muß festgestellt werden, daß der großen Masse später vorgeschlagener oder realisierter Renaissance-Formen nur weniges derselben Art in seiner Sammlung entspricht und umgekehrt der Masse seiner Aufnahmen antiker Bauwerke nur wenige «antikisierende» Entwürfe gegenüberstehen. Hat Sempers «Studirsystem» versagt?

Semper berichtet in den «Vorläufigen Bemerkungen»: «Auch bei den Alten bildeten Konstruktionen aus Holz, Eisen und Bronce einen wesentlichen Teil der Baukunst. Auch bei ihnen wurden sie nach ihren eigenen Gesetzen der Statik, unabhängig vom Steine, gebildet. Nur wenige Spuren davon erhielten sich. Aber manche Auskunft geben die pompejanischen Wandgemälde, die offenbar nur von dieser leichten Architektur entlehnt sind.»

Sempers leichteste, ja schwimmende Konstruktion, das Treichlersche Waschschiff, hauptsächlich aus Metall und Holz gebaut, war mit pompejanischen Malereien geschmückt. Wahrscheinlich barg die Chance, einen pompejanischen «Bau» errichten zu können, den ganzen Grund, weshalb Semper den abstrusen Bauauftrag überhaupt annahm.

Ähnlich gelagerte Beispiele könnten viele beigebracht werden. Das «Studirsystem» darf deshalb wohl – weder bei Semper, noch bei andern Architekten seiner Epoche – nicht so eng ausgelegt werden. Vielmehr muß festgehalten werden, daß sich die damaligen Architekten eine *umfassende Bildung mit architektonischem Schwergewicht* zugelegt haben. Dem damaligen Verständnis entsprechend, Griechisch war selbstverständlich Maturfach für alle Maturanden, umfaßte diese Bildung historische und sprachliche Inhalte. Trotz Sempers Interesse für Mathematik und Naturwissenschaften blieben diese Wissensgebiete am Rande.

Aus dieser sprachlich-historischen Bildung heraus, vor diesem Hintergrund, entstanden die Formen der eigenen Architektur. Diese Bildung lieferte die Formvorstellungen, aber auch die Inhalte der Formaussage.

Architektur wurde damit zu einer ins Visuelle übersetzten Wissenschaft: Die Bildung, das Wissen lieferte die Inhalte, die ganz bewußt «zitiert» wurden. Die «Zitate» wurden als solche gekennzeichnet, ausgewiesen. Die Zitate verweisen auf «Referenzen». Die Referenzen liefern die Zitate: Baustile, historische Bauten und Bauteile spielen die Rolle von «Fußnoten» in der Architektur.

Und worin besteht der Text, der Inhalt dieser Architektur? Die Architektur besaß immer die Aufgabe, den Menschen Behausung, Raum zu schaffen. Bis zum Entstehen der Architekturschulen, bis zur «Trennung von Hand- und Kopfarbeit» geschah das auf eher künstlerische Art, seither ist diese Art eine wissenschaftliche geworden. (Deshalb ist dieser Art von Architektur auch nicht mit den Instrumenten der Kunstgeschichte, sondern nur mit den Mitteln der Linguistik, der Semantik «beizukommen».)

Was also liefern die «Referenzen» dieser Architektur an Inhalten, welche Inhalte werden in den «Zitaten» herangezogen? Diese Frage kann nicht oder nur schwer generell beantwortet werden. Sie stellt sich bei jeder Bauanalyse. Genereller aber kann beleuchtet werden, welche Zwecke die Zitate erfüllen müssen und wozu die Referenzen herangezogen werden.

Überall in Europa nimmt im 19. Jahrhundert die Bevölkerung zu. In den Ballungszentren sogar mit beängstigendem Tempo. Städte werden radikal erweitert, umgebaut, verändert. Die Identifikationsmöglichkeiten für die Bewohner werden für die Altansässigen verringert oder sind für die Neuzuzüger gar nicht vorhanden. Das Neue macht, nicht nur im Falle des Eisenbahnbaus, Angst. Das Neue kann auch für den Gebildeten nur akzeptiert werden, wenn es in eine Tradition gestellt wird. Die Tradition heißt Geschichte. Das Weiterentwickeln der Tradition heißt Fortschritt. Erst im 20. Jahrhundert erhält dieses Wort den Sinn: «das Alte über Bord werfen.»

Im 19. Jahrhundert wurde das Neue mit dem Bestehenden, Alten in Beziehung gesetzt, das Neue mit dem Alten erklärt, das Neue aus dem Alten entwickelt: Frühe Eisenbahnwagen sahen aus *wie* eine Anzahl von Kutschen-Coupés, die auf ein gemeinsames Fahrgestell montiert waren. Noch lange blieben die Wagenabteile von außen direkt betretbar – *wie* Kutschen. Erst später wurden innere, seitliche Gänge oder Mittelkorridore entwickelt. Man reiste also in der Eisenbahn *wie* in einer Kutsche, nur mußten keine Pferde gewechselt werden, konnten viel mehr Passagiere und Gepäck befördert werden, reiste man schneller...

Hamburg rühmt sich, das «Venedig des Nordens» zu sein. 1842 brannte das Stadtzentrum von Hamburg mit Börse, Rathaus und Nikolaikirche ab. Semper verfaßte bald darauf eine Skizze, wie das Regierungszentrum Hamburgs wieder aufgebaut werden könnte: Natürlich *wie* das Regierungszentrum Venedigs, aber das Oligarchische, das Venedig prägte, gemildert durch das Stadtrepublikanische von Florenz.

Mit solchen Analogien wurden im ganzen europäischen Kulturkreis Neuheiten und Neubauten in das Spannungsfeld von Tradition und Fortschritt gestellt.

Zur Zeit Sempers werden oft gewaltige Stadtpartien in wenigen Jahren neu angelegt. So etwa Haussmanns Boulevard-System in Paris, die Wiener Ringstraße, die Neuquartiere von Straßburg nach 1870/71. Nirgends bestanden in diesen Neuanlagen so viele außerordentliche Stellen, um allen «wichtigen» Bauten in der Masse von Wohnbaublöcken eine Ausnahmestelle zu sichern, auch wenn sich die Stadtplaner noch so Mühe gaben, Straßengabelungen, Plätze und Avenuen anzulegen. Über den Rang eines Bauwerks mußte auch seine Stellung innerhalb seines Baugevierts Auskunft geben können. Selbst das reichte nicht aus.

Ansichtsskizze zum Projekt über die Neugestaltung des Stadtzentrums Hamburg nach dem Brand vom Mai 1842. In diesem Projekt sind zitiert: der Campanile von S. Marco in Venedig (rechts oben), der Turm der Signoria in Florenz (links), der Dogenpalast in Venedig (Mitte), die Loggia dei Lanzi in Florenz (rechts Mitte), die Markussäulen auf der Piazzetta S. Marco in Venedig (Mitte unten), die Seufzerbrücke zwischen Dogenpalast und Staatsgefängnis in Venedig (rechts unten).

Auch die alten «Würdeformen» mußten mithelfen, den sozialen Rang eines Bauwerks und seines Besitzers darzustellen. Doch der Masse der realisierten Bauten reichte auch das noch nicht. Die dank der Eisenbahn nun zu vernünftigen Preisen zu transportierenden Baumaterialien, Metalle und Natursteine wurden zum selben Zweck herangezogen – respektive eben nicht verwendet, sondern nur durch eine entsprechende Bemalung der Oberfläche dargestellt.

Die wenigsten dieser Analogien waren so «plump» wie diejenige zwischen Hamburg und Venedig in Sempers Rathausskizze oder wie die der Kirche in der Neustadt Nizzas (seit 1859 zu Frankreich gehörend), die, 1868 eingeweiht, die Fassade von Notre-Dame in Paris nach-

Auch andere Architekten arbeiteten mit Zitaten: Notre Dame in Paris (links) und Nizza.

bildet. Viel häufiger bestehen die Zitate aus einzelnen Bauteilen, ja, sogar einzelnen Formen bestimmter Referenzbauten, oder noch viel allgemeiner aus den Formkanons (Stilen) bestimmter Epochen, die mit bestimmten Eigenschaften in Verbindung gebracht wurden.

In der Vergangenheit wurde der Baukunst des 19. Jahrhunderts nachgesagt, daß sie Plagiate hervorgebracht habe, daß sie «wahllos» die Baukunst früherer Epochen kopiert habe. Dieser Vorwurf ist unhaltbar. Niemand hat je gezögert, ein Gebäude des 19. Jahrhunderts seiner Entstehungszeit zuzuordnen. Wären diese Gebäude Plagiate oder Kopien, bliebe für den Betrachter, mindestens für den oberflächlichen, die Entstehungszeit fraglich oder das Baualter würde gar falsch eingeschätzt. Daß das kaum je geschieht, zeigt, daß sich diese Bauten gut datieren lassen und deshalb von Kopien oder Plagiaten nicht die Rede sein kann.

So wie die verschiedenen Bautypen die organisatorischen und volumetrischen Gerüste der Bauten oder Bauaufgaben stellen, liefern die Formen und Formzitate die zur Individualisierung und Identifizierung notwendigen Merkmale, die Haut, das Gesicht der Bauten. Die historische sowie kunst- und architekturgeschichtliche Bildung versetzt den Architekten in die Lage, die gewünschten Bauaussagen zu formulieren, und ermöglicht es dem Betrachter, diese Botschaft dann zu lesen.

Damit ist aber der Architekt nicht mehr Künstler, sondern Wissenschaftler geworden, Wissenschaftler nicht nur im wirtschaftlich-technischen Bereich, sondern auch, vielleicht sogar vor allem, im Bereich der Formgebung und Formpsychologie.

Sempers Ausstrahlung

Die Rezeption Sempers setzte unmittelbar mit seinem Ausscheiden aus der aktiven Lebensarbeit ein[1]. Der «Kampf» um die Anteilsrechte an der Urheberschaft der Wiener Hofbauten[2] bewegte nicht nur die unmittelbar Beteiligten, Carl von Hasenauer und Sempers Nachkommen, sondern auch die Fachwelt. Da waren auf der einen Seite die Wiener, die für ihren Kollegen und Mitbürger, dessen Fähigkeiten sie kannten, wortgewaltig eintraten, und auf der andern Seite die Schüler und Anhänger Sempers, denen der damals noch junge Hasenauer unbekannt war, die aber Semper vom Studium her oder aufgrund seines beachtlichen publizistischen Werks verehrten. Es gab eine beträchtliche Anzahl von Architekten, Wissenschaftlern und Politikern, die sich zugute hielten, sich Sempers Schüler nennen zu können[3].

Schon diese Ausgangslage zeigt die spätere Entwicklung der wissenschaftlichen Beschäftigung mit Sempers Lebenswerk sehr deutlich.

Unter den von ihm ausgebildeten Architekten befand sich keine überragende Figur, die internationale Anerkennung gefunden hätte. Das gilt auch für seinen Nachfolger auf dem Zürcher Lehrstuhl, Alfred Friedrich Bluntschli (1842–1930)[4], seinen eigenwilligsten Studenten, Heinrich Ernst (1846–1916)[5], und für seinen ältesten Sohn, Manfred Semper (1838–1913)[6]. Ernst hatte diese internationale Anerkennung, soweit bekannt, nie gesucht[7]. Bluntschli und Manfred Semper konnten sie nur sehr bedingt erringen. Der überzeugendste Ausweis ihres Könnens blieb somit, Sempers Schüler gewesen zu sein. Dieses Bewußtsein formte sie zur Gruppe; ihre Unfähigkeit, das große Vorbild innerlich zu überwinden, ließ sie in restriktiver Weise in den überkommenen Vorstellungen verharren: Sie verteidigten lebenslang äußerst konservative Architekturvorstellungen.

Daneben legten die Sempersöhne Manfred und Hans, der Professor für Kunstgeschichte in Innsbruck war, den Grundstein zu einem zukünftigen Mißverständnis des Werkes ihres Vaters als dem eines Kunsttheoretikers, indem sie in an sich verdankenswerter Weise die zum Teil weit verstreut publizierten Aufsätze und kleineren Einzelpublikationen im Buch «Kleine Schriften» sammelten und zum Teil mindestens orthographisch bereinigten. Sie konnten damals davon ausgehen, daß die Leserschaft die Aufsatzsammlung als erwünschte Ergänzung zum Umgang mit Sempers Bauten empfangen werde; denn sie publizierten sie zu einer Zeit großer Verehrung der damals als fortschrittlich und vorbildlich empfundenen Bauten Sempers. Diese Einstellung änderte sich allerdings zur Zeit des Ersten Weltkriegs.

Da der unterdessen in Europa berühmt gewordene Lehrstuhl Sempers nach seinem Weggang nach Wien ein Jahrzehnt lang von seinen beiden Assistenten Julius Stadler (1828–1904)[9] und Georg Lasius (1835–1928)[10] «verwesert» wurde, ohne daß ein Nachfolger für Semper gewählt worden wäre, und dennoch weiterhin von überall her besucht wurde, entstand eine Generation von «Semper-Schülern», die Sempers Lehre nur aus zweiter Hand kennenlernte. Diese «Schüler» hatten es – ohne die offenbar tief beeindruckende Lehrerpersönlichkeit neben sich zu wissen – leichter, mit dem empfangenen Wissen umzu-

Aus Zitaten des Festspielhauses München (links oben) und des Ersten Hoftheaters in Dresden (rechts oben) entstanden Hans Wilhelm Auers und Alfred Friedrich Bluntschlis Entwürfe (Wettbewerb 1885) sowie Auers Bau des Parlamentsgebäudes in Bern (Bauzeit 1894–1902).

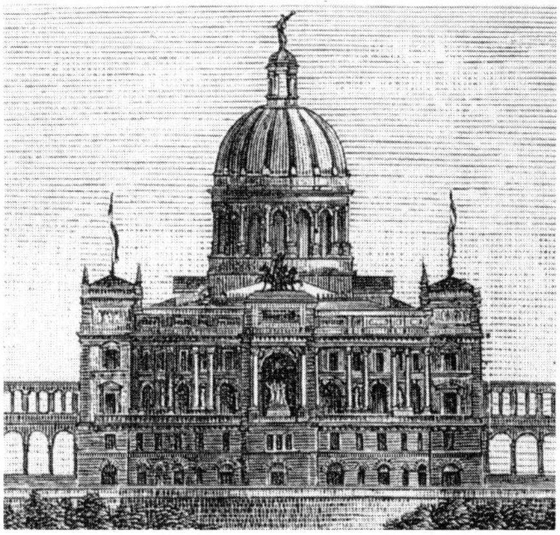

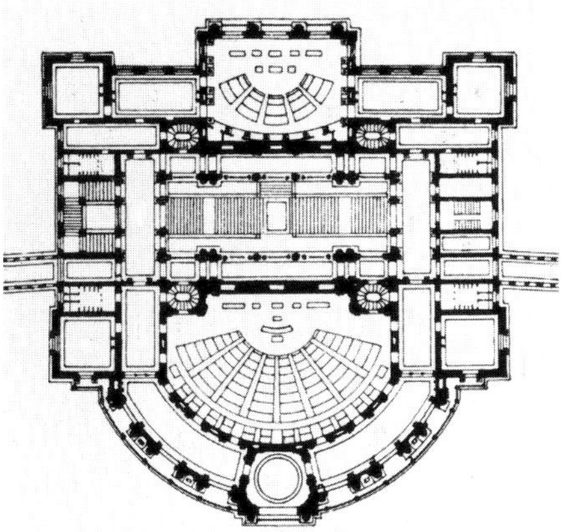
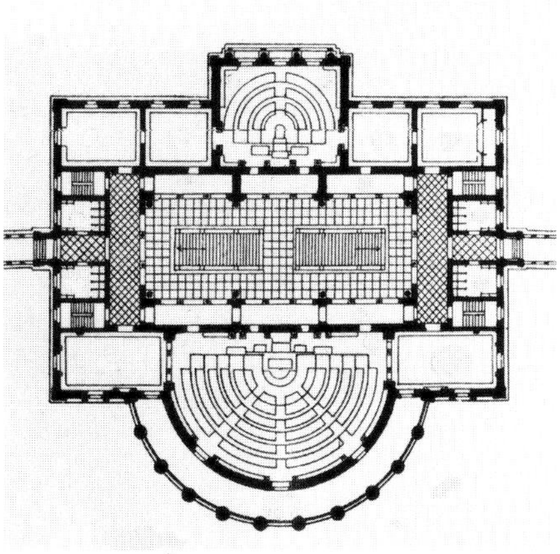

gehen. Es scheint daher nicht verwunderlich, daß sich unter diesen mindestens eine überragende Architektenpersönlichkeit befindet: Hendrik Petrus Berlage (1856–1934)[11]. Neben ihm gehören aber auch Karl Moser (1860–1936)[12] und Gustav Gull (1858–1942)[13] zu dieser Generation, die das Architekturstudium in Zürich während des «Interregnums» absolviert haben.

Natürlich besaßen die Zürcher Architekturstudenten einen besonders direkten Zugang zur Architekturauffassung Sempers, hatte sich doch in Zürich das ganze Ausbildungsmaterial des Lehrstuhls erhalten, das Semper offenbar in großzügigster Weise seinen Assistenten und Vertretern überlassen hatte, da er ja in Wien zu bauen und nicht auszubilden gedachte. Der Umfang dieses Materials kann auch heute noch erahnt werden[14].

Daneben waren aber auch seine Schriften überall greifbar. In der Generation von Moser und Berlage ließen sich überall junge Architekten von Sempers Büchern faszinieren, vor allem vom Werk «Der Stil». Die streckenweise kompliziert und dunkel abgefaßte Schrift eignete sich offenbar zum «Kultbuch» und provozierte Inspirationen. Vielleicht auch deshalb, weil der dritte Teil[15], der wohl konkrete architektonische Handlungsanweisungen enthalten hätte, nie verfaßt worden war. Dieser Umstand überließ es jedem Leser, seine eigenen Schlußfolgerungen aus dem Gelesenen zu ziehen.

Die dritte Gruppe derer, die sich mit Semper beschäftigten, waren über die ganze seither vergangene Zeit die Architektur- und Kunsthistoriker. Die Historiker, ihrem Wesen nach eigentlich Philologen, beschäftigten sich vornehmlich mit Sempers Publikationen. Seine Bauten und Projekte dienten in erster Linie als Illustrationsvorlagen für ihre eigenen Publikationen. In der Masse der Sekundärliteratur über Semper bilden die Werkmonographien und Bauanalysen eine sehr kleine Gruppe. Betrachtet man die Sekundärliteratur chronologisch nach ihrem Entstehen, entdeckt man rasch, daß zwischen der Dissertation des Architekten Mütterlein[16] im Jahre 1913 und der Dissertation des Kunsthistorikers Claus Zoege von Manteuffel[17] im Jahre 1952 kaum Publikationen, die sich mit den Bauten Sempers befassen, erschienen sind. Franz Biermanns Arbeit über die Reformen im Theaterbau bei Schinkel und Semper[18], Fritz Schumachers Schrift über Hamburg nach dem großen Brand[19] und die im Hinblick auf die Größe Großdeutschlands verfaßten Texte in der Zeitschrift «Die Kunst im Deutschen Reich«[20] blieben die Ausnahmen.

Die Publikationsdaten von Mütterlein und Zoege von Manteuffel bilden aber auch die Eckdaten jenes halben Jahrhunderts, da die Verachtung der Architektur des sogenannten 19. Jahrhunderts beinahe grenzenlos war. So blieb Semper über die ganze Zeit wohl als Schriftsteller, nicht aber eigentlich als Architekt in Erinnerung und Achtung.

Sempers wohl berühmtester Satz: «Nur einen Herrn kennt die Kunst, das Bedürfnis»[21] gab in diesem halben Jahrhundert das Motiv für ein grundsätzliches Mißverständnis ab. Über der Prägnanz des Satzes vergaß man, wie in der Bibelexegese, seinen Kontext nur allzu gerne, wenn es darum ging, etwas beweisen zu wollen. So wurde Semper vor den Karren des Funktionalismus des Neuen Bauens gespannt.

Diese «Kirchenvater-Stellung» und diese Fehldeutungen lassen leider gerne vergessen, daß Sempers Ausstrahlung an anderen Stellen Bedeutendes bewirkt hatte: Die deutschlandorientierte Kultur der Staaten an der amerikanischen Ostküste erschöpfte sich nicht nur in Goethe- und Schillerbewunderung; die Architekturentwicklung im deutschen Sprachraum wurde in den Vereinigten Staaten um 1880 aufmerksam verfolgt. Kein geringerer als Louis Henri Sullivan (1856–1924) lernte in seiner Semperbegeisterung Deutsch, um Sempers Hauptwerk «Der Stil» in der Ursprache lesen zu können. Daraus wird vieles in Sullivans Schaffen verständlicher: sein Bedürfnis nach «klassizistischer Baugliederung», seine selbständige

Ornamentik, seine eigene Ausbildungstätigkeit. Von Sullivan führt eine direkte Beziehung zu Frank Lloyd Wright.

Hendrik Berlage wurde für sein ganzes Schaffen von Semper beeinflußt. Formgebung – eben Stil – war für ihn genau wie für Semper der «rote Faden» in seinem Schaffen. Nicht von ungefähr taucht deshalb das Wort «Stil» bei ihm auch in seinen Publikationstexten immer wieder auf. «Over Stijl in Bouw- en Meubelkunst»[22] erschien 1904. Aus Verehrung für Berlage und für sein Hauptanliegen gab Theo van Doesburg seiner im Juni 1917 erstmals erschienenen Zeitschrift und damit der ganzen Bewegung den Namen «De Stijl»[23].

Heute aber, wo die Architekturauffassungen wieder dazu zu neigen scheinen, daß sich Formen doch aus einer eigenen «Logik» heraus entwickeln und nicht mehr bloß Resultat einer auf sie hin interpretierten «Funktion» sein dürfen, bietet Sempers Formenlogik und formale Konsequenz selbst, aber auch die in den historisch interpretierten Baustilen und -formen innewohnende Semiologie Anregungen genug, um Architektur erneut sprechen zu lassen und «hören» zu lernen.

1 Siehe die umfangreiche Literaturliste in: Gottfried Semper, Kritischer Katalog seines zeichnerischen Nachlasses, Bd. 1, gta 14, Basel und Stuttgart 1974, und im Artikel «Gottfried Semper» des Schweizerischen Künstler-Lexikons, Bd. 3, S. 123ff., Frauenfeld 1913, verfaßt von Hans Semper.

2 Die k. k. Hofmuseen in Wien und Gottfried Semper, Drei Denkschriften, hg. von seinen Söhnen, Innsbruck 1892, die Semper 1869 und 1874 verfaßt hatte.

3 Siehe die Liste der Schüler Sempers in: Gottfried Semper als Entwerfer und Entwurfslehrer, ETHZ Dissertation 1974.

4 A. F. Bluntschli, Sohn aus angesehener Zürcher Familie, eröffnete nach dem Studium, das ihm als einzigem in Sempers Fächern die 6 als Durchschnittsnote eingebracht hatte, mit seinem Kollegen Jonas Mylius in Frankfurt a. M. ein erfolgreiches Architekturbüro. Er erhielt 1881 Sempers seit zehn Jahren verwaisten Lehrstuhl. Hat nachher außerhalb Zürichs nicht mehr gebaut.

5 H. Ernst, aus sehr bescheidenen Verhältnissen stammend, war der wohl begabteste Zeichner und Entwerfer unter den Zürcher Schülern Sempers. Semper beschäftigte ihn längere Zeit als eine Art Bürochef in seinem Atelier. Seine spätere Bautätigkeit verband er immer mit lange Zeit erfolgreicher Liegenschafts- und Bauspekulation. Eine solche Aktion aber brachte ihn 1896 in den Konkurs. Sein Atelier ging an Pfleghart und Haefeli über, die es sehr erfolgreich weiterführten.

6 Manfred Semper, von seinem Vater sorgfältig ausgebildet und gefördert, leitete den Bau der zweiten Dresdner Oper. Nach Sempers Tod versuchte er an die Erfolge seines Vaters anzuknüpfen. Er aspirierte auf den Dresdner Lehrstuhl und auf angesehene Posten in der alten Heimat, in Hamburg. Um seine Ziele zu fördern, verteilte er den künstlerischen Nachlaß Sempers auf die ihm als aussichtsreichst erscheinenden Städte, was im 2. Weltkrieg zum Untergang der Dresdner Bestände führte. Die Bestrebungen der Zürcher Schüler für das Semper-Museum förderte er kaum.

7 Das kann nicht mit Sicherheit festgestellt werden, weil sein künstlerischer und schriftlicher Nachlaß verschollen ist.

8 Gottfried Semper, Kleine Schriften, hg. von Manfred und Hans Semper, Berlin und Stuttgart 1884.

9 J. Stadler studierte bei Eisenlohr in Karlsruhe, arbeitete bei J. J. Stehlin d. Ä. in Basel und wurde 1855 Hilfslehrer für architektonisches Zeichnen und Assistent Sempers in Zürich. 1872 wurde er zum Professor für Stillehre, Ornamentik und Kompositionsübungen ernannt und übernahm als solcher zusammen mit Lasius die Nachfolge Sempers.

10 G. Lasius aus Oldenburg studierte in Hannover bei Hase, habilitierte sich 1861 in Zürich und wurde 1867 zum Professor für Baukonstruktionslehre und architektonisches Zeichnen ernannt. Er wurde 1873 Vorstand der Bauschule.

11 Der Holländer Berlage studierte 1875 bis 1878 in Zürich. Wie Semper war er auch publizistisch tätig. Sein berühmtestes Bauwerk ist die Amsterdamer Börse.

12 K. Moser, aus einer Baumeisterfamilie in Baden (Aargau), studierte in Karlsruhe und Zürich. 1887 bis 1915 Architekturbüro Curjel und Moser in Karlsruhe mit sehr erfolgreicher Bautätigkeit in Baden und in der Schweiz. Er nahm 1915 eine Professur an der ETHZ an. 1928 erster Vorsitzender des CIAM.

13 G. Gull studierte an der ETHZ. Nach kurzer Zusammenarbeit mit K. von Muralt 1895 bis 1900 Stadtbaumeister von Zürich. Während dieser Zeit entstehen das Schweizer Landesmuseum und die Amtshäuser der städtischen Verwaltung Zürichs. 1900 wird er zum Professor an der ETH und gewinnt 1908 den Wettbewerb zur Erweiterung der ETH, der eine umfangreiche Bautätigkeit im Zürcher Hochschulquartier auslöst (so auch Mosers Hauptgebäude der Universität 1911–1914). Versteht sich bis ins hohe Alter als «Hüter des Semperschen Vermächtnisses» an der ETHZ.

14 Befindet sich nach vielen Umzügen und «Säuberungen» noch unbearbeitet im Archiv des Instituts für Geschichte und Theorie der Architektur (gta) an der ETHZ.

15 Siehe: Wolfgang Herrmann, Gottfried Semper, Theoretischer Nachlaß an der ETH Zürich, gta 15, Basel–Boston–Stuttgart 1981.

16 Max Georg Mütterlein, Gottfried Semper und dessen Monumentalbauten am Dresdner Theaterplatz, Dresden 1913.

17 Claus Zoege von Manteuffel, Die Baukunst Gottfried Sempers, Diss. phil. Typoskript, Freiburg i. B. 1952.

18 Franz Biermann, Die Pläne für die Reform des Theaters bei Karl Friedrich Schinkel und Gottfried Semper, in: Schriften der Gesellschaft für Theatergeschichte, Bd. 38, Berlin 1928.

19 Fritz Schumacher, Wie das Kunstwerk Hamburg nach dem großen Brand entstand, Berlin 1920, Neuauflage Hamburg 1969.

20 O. Heck, Gottfried Sempers Pläne für das alte und neue Hoftheater in Dresden, in: Die Baukunst, Die Kunst im Dritten Reich, 5. Jg. 1941/4.

21 In: Gottfried Semper, Bemerkungen über vielfarbige Architectur und Sculptur bei den Alten (Frontispiz-Titel der Originalausgabe), dort S. VIII; oder: Gottfried Semper, Kleine Schriften, Berlin und Stuttgart 1884, S. 217.

22 Siehe: Pieter Singellenberg, Sempers Einfluß auf Berlage, in: Gottfried Semper und die Mitte des 19. Jahrhunderts, gta 18, Basel und Stuttgart 1976.

23 Siehe H. L. C. Jaffé, De Stijl 1917–1931, Berlin, Frankfurt, Wien 1965.

Lehre und Forschung

Im Folgenden werden Etappen aus dem architektonischen Schaffen Sempers dargestellt, die mit seiner Ausbildung und mit seinen Forschungen in Beziehung stehen. Natürlich haben Semper Themen der Architektur- und Gestaltungswissenschaften immer interessiert. Er hat sein Leben lang Abhandlungen, Vorträge, Bücher publiziert. Von ihnen ist in der Architekturgeschichte häufig die Rede. Hier sei aber kurz dargestellt, wie sehr seine Ausbildung zum Architekten und seine abenteuerliche Forschungsreise nach Sizilien und Griechenland Sempers späteres architektonisches Schaffen beeinflußt haben. Das zu betonen, scheint auf den ersten Blick überflüssig. Und doch: Die Darstellung der «Resultate» bleibt unklar, solange die «Voraussetzungen» nicht geschildert werden.

Durch Zufall blieb eine Kurzarbeit aus Sempers Studienzeit bei Christian Gau (Dezember 1826 bis Oktober 1830) in Paris erhalten. Die Aufgabe muß ungefähr gelautet haben: «Gegeben ist eine unregelmäßige Bauparzelle an einer Stadtstraße, gesucht ist ein repräsentatives Wohnhaus für einen reichen Bauherrn.»

Semper stellte offenbar als Architekturprofessor in Zürich dieselbe Aufgabe im Jahre 1862 seinen eigenen Studenten. Alfred Friedrich Bluntschlis Kurzarbeit von damals blieb erhalten und obendrein eine Skizze Sempers, auf der er Bluntschli gezeigt haben muß, wie er sich die Lösung der Aufgabe vorstellte.

Sempers Kurzarbeit im Atelier Gau um 1828; Bleistift, Tusche, aquarelliert.

Bluntschlis Kurzarbeit am Polytechnikum in Zürich 1862 und Sempers Skizze zu dieser Kurzarbeit 1862; Bleistift.

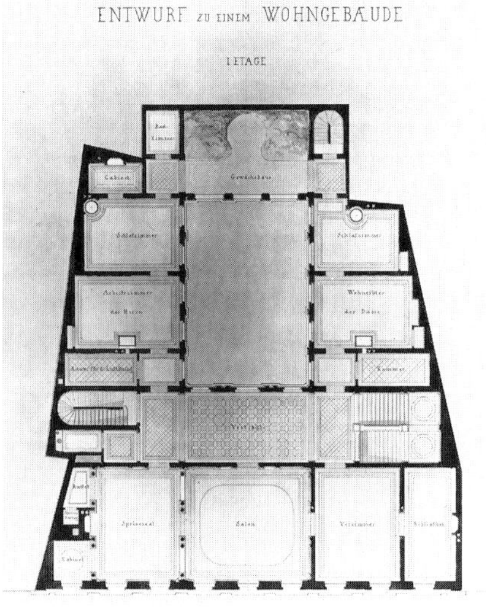

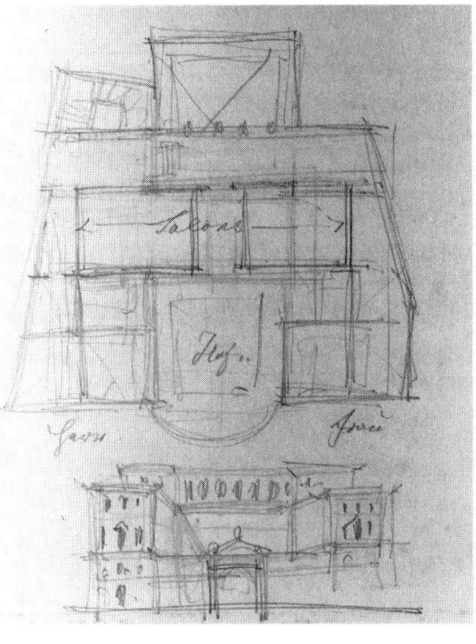

1829/30 Irrenanstalt

Die Arbeit trug den Titel «Grundplan einer Irrenanstalt für zweihundert Kranke beiderlei Geschlechts». Die Blätter dieser Arbeit, die eine Art Diplomarbeit bei Gau gewesen sein muß und deshalb zwischen Ende 1829 und Anfang 1830 entstanden sein dürfte, sind leider verloren gegangen. Die wenigen Fotoaufnahmen, die glücklicherweise erhalten geblieben sind, erlauben keine eingehende Analyse.

Aufnahme der Vogelperspektive der Anlage, gleiche Flügel wohl für Männer und Frauen, in der Mitte die Klinik-Kapelle.

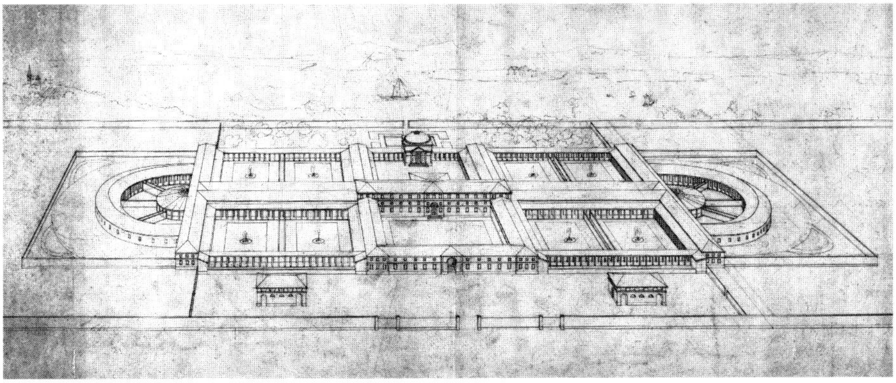

Grundriß der Klinik.

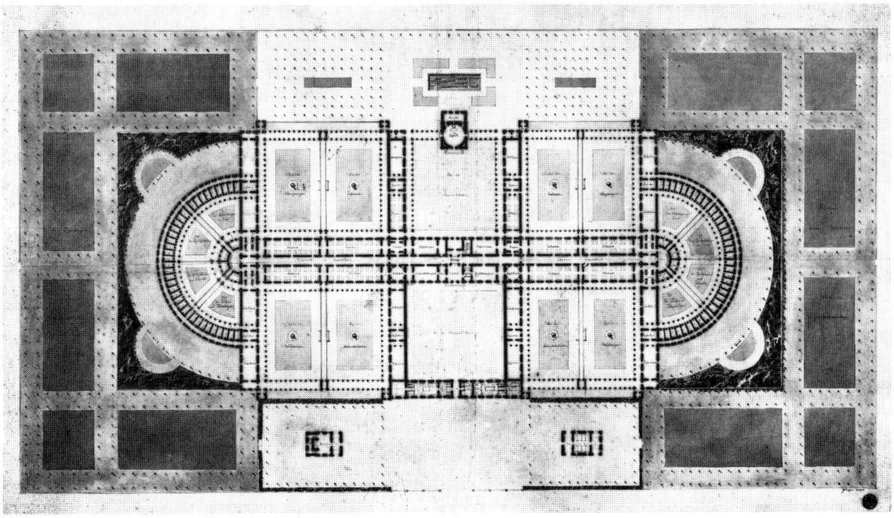

1830–1833 Archäologische Forschung während der Großen Reise

Die Große Reise von Oktober 1830 bis Ende 1833 diente dazu, den Nachweis zu erbringen, daß auch in Griechenland selbst und nicht nur im hellenistischen Sizilien die berühmten Werke der klassischen Architektur bemalt gewesen waren. Darüber hinaus machte Semper in Pompeji ausführliche Studien über dort erhaltene Wandmalereien, das heißt über dortige «Vielfarbige Architectur. . . bei den Alten». Die pompejanischen Wandmalereien überzeugten Semper davon, daß diese Malereien Zeugnisse einer hochstehenden, aber nicht erhaltenen Metallbaukunst der Römer seien. Die Motive der pompejanischen Malerei begleiteten Semper denn auch sein Leben lang.

Der Beweis, daß die klassische griechische Architektur «vielfarbig» bemalt gewesen sei, gelang. Die Untersuchungen legte Semper in Skizzen und Reinzeichnungen (im Hinblick auf eine spätere Publikation) nieder. Vieles davon ist leider nicht mehr erhalten.

Rechte Seite: Frontispiz der ersten Publikation Sempers, deren Innentitel lautet: «Vorläufige Bemerkungen über bemalte Architectur und Plastik bei den Alten»; Stich, möglicherweise von Sempers eigener Hand, mit Motiven aus Athen, Rom, Florenz und Venedig in einem «Gehäuse» von pompejanischen Malereien, respektive deren Umsetzung in Metallkonstruktion des 19. Jahrhunderts.
Unten: Reinzeichnung der Aufnahme einer Wandmalerei in Pompeji; Tusche, aquarelliert, bezeichnet «G Semper 1834».

BEMERKUNGEN
ÜBER
VIELFARBIGE
ARCHITECTUR
UND
SCULPTUR
BEI DEN ALTEN.
VON
G. SEMPER

Untersuchung der Akropolis in Athen mit Versuch einer Rekonstruktion der Tempelanlagen, entstanden im Winter 1831/32 (Schinkels Projekt für einen griechischen Königspalast auf der Akropolis entstand 1834, nachdem Semper Schinkel an Weihnachten 1833 besucht und von seinen Forschungsarbeiten erzählt hatte).

Querschnitt durch den Theseus-Tempel in Athen mit dem Rekonstruktionsversuch der originalen Farbfassung; Bleistift, Tusche, aquarelliert.

Bauten und Entwürfe

Es wäre eigentlich selbstverständlich, das Hauptkapitel dieses Werküberblicks chronologisch zu ordnen, mit seinen frühesten Arbeiten zu beginnen und den «Schwanengesang» ans Ende zu setzen. Wenn hier die Bauten und Entwürfe Sempers nach den *Bautypen* geschildert werden, hat das zwei Gründe: Sempers Bauten und Entwürfe mögen einen Nachweis liefern, daß die Betrachtungsqualität des architektonischen Schaffens im 19. Jahrhundert durch diese Darstellungsweise nicht leidet, sondern vielleicht sogar anregt, eigene Beobachtungen anzustellen. Durch diese Darstellungsweise können vielleicht Zusammenhänge klargelegt werden, die in einer rein chronologischen Betrachtung verborgen blieben. Das Unerwartete wird möglicherweise die Lektüre dieses Kapitels zunächst erschweren. Vielleicht entsteht daraus eine Sehweise, die die zusätzliche Mühe lohnen wird.

Tempel

Semper beschrieb den Tempel der Antike in seiner Schrift «Die vier Elemente der Baukunst» als Altar auf einem Sockel früherer Opferreste in Verbindung mit der giebelüberdachten Cella eines Heiligenbildes. Diese Teile seien später zu einer Einheit verschmolzen.

Der durch den Giebel gerichtete Cella-Einraum wird erst durch den Sockel als Würde- oder Weiheform dargestellt. Der Tempel definiert sich nicht durch seine «Bauaufgabe» (er kann als Gottesdienstraum, Museum, Mausoleum, Denkmal, Bahnhof etc. dienen), sondern durch die Weihe oder Würde, die er zum Ausdruck bringt.

Howard-Familienmausoleum in Howard-Castle, Nordengland.

Altes Krematorium auf dem Sihlfeld-Friedhof in Zürich.

Euston-Station in London.

Walhalla bei Regensburg.

1834 Museumspavillon Donner in Altona (Hamburg)

Der dänische Etatsrat Donner befand sich 1830 mit Semper gleichzeitig in Rom, wo er Plastiken von Bertel Thorvaldsen erwarb. Nach der Reise gab er seinem Mitbürger und Reisebekannten Semper den Auftrag, die architektonische Hülle für seine kostbaren Bildsäulen zu schaffen. Donner benötigte aber für seinen Garten in Neumühlen bei Altona auch ein Gewächshaus und eine Orangerie. Das Gewächshaus wurde schließlich an anderer Stelle gebaut. Museumspavillon und Orangerie waren noch im Bau, als Semper im September 1834 nach Dresden übersiedelte. Sein Freund Franz Georg Stammann vollendete den Bau auf Grund einer intensiven Korrespondenz mit Semper. Dieser Briefwechsel vermittelt heute noch interessante Aufschlüsse über die damalige Baupraxis und Sempers Vorstellungen polychromer Architektur. Pavillon und Orangerie sind 1907/8 umgebaut und im Juni 1942 bei einem Bombardement stark beschädigt worden. Die Ruine wurde nach dem Krieg entfernt.

Blick aus dem Pavillon in die Orangerie; Aquarell Sempers.

Ansicht zu einem Vorprojekt mit Gewächshaus; Aquarell.

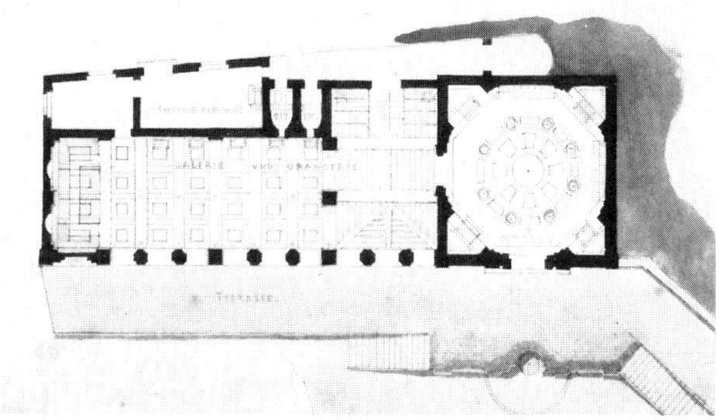

Grundriß zum ausgeführten Bau, Ausschnitt.

Aufnahme des Pavillons vom 1. Juli 1942.

1861–1864 Wasch-Schiff Treichler in Zürich

Während der großen Bevölkerungszunahme wurden auch die Waschküchen der Zürcher Altstadt gewinnbringend genutzt. Der findige Heinrich Treichler schuf auf einem Floß am Limmatquai Ersatz. Als man ihm wegen der hohen Lärmbelästigung durch die Maschinen auf dem Floß die Konzession zu entziehen drohte und ihm bedeutete, doch «etwas Rechtes» an diesem prominenten Ort errichten zu lassen, beauftragte er 1861 den Architekturprofessor am neuen Polytechnikum mit der Projektierung.

Aufriß einer Ecke des Schiffsaufbaus mit den pompejanischen Motiven.

Sempers gerichteter Einraum auf dem Sockel des Floßes war mit Blech verkleidet, das als Rostschutz mit Ölfarbe bemalt wurde. Die Malerei zeigte pompejanische Motive, die nach Sempers Theorie den Metallbau dargestellt haben sollen. Das Wasch-Schiff dürfte die wohl eindrücklichste polychrome Gestaltung einer Außenfassade Sempers gewesen sein.

Die Schönheit verminderte allerdings den Lärm nur unwesentlich... Das Wasch-Schiff wurde deshalb schon 1872 nach Wollishofen am Zürichsee geschleppt und bildete dort den Urbau der noch bestehenden Zürcher Waschanstalt. Seine architektonische Vergangenheit wurde vergessen. Nach vielfältigen Verunstaltungen wurde das ehemalige Wasch-Schiff 1955 zerstört.

Aufnahme des Schiffs an seinem ursprünglichen Lageplatz, um 1870.

Haus

Das Haus, weiterentwickelt aus der «Urhütte», aus Adams Behausung, faszinierte Archäologen und Architekten in der ersten Hälfte des 19. Jahrhunderts gleichermaßen. Während in England und Norddeutschland die «Erfindung» des *Schweizerhauses,* als Behausung eines noch natürlich lebenden Volksstammes, die Erforschung ländlicher Architektur in Europa auslöste, interessierte sich Semper mehr für das Haus als Stätte des Heiligen Herdes, das wie der Tempel aus der Opferstätte hervorgegangen war.

So wie Semper sich bei vielen seiner Großbauten an den hohen Leistungen italienischer Architektur orientiert und sie in seinen Bauformen zitiert hat, scheint für ihn der offene Dachstuhl des toskanischen Bauernhauses das Wesensmerkmal eines «Hauses» gewesen zu sein. Der offene Dachstuhl findet sich nicht nur bei seinen wenigen «Haus»-Bauten, sondern auch in vielen Skizzen und auf den Hintergründen der Ansichten seiner Projekte.

Das «Schweizerhaus» schlechthin, das Rütli-Haus.

Projekt eines Schweizer Landbahnhofs von J. J. Breitinger.

Wohnhäuser in Rüti (bei Zürich).

Pförtnerhaus eines großen Anwesens (Projekt).

1837/38 Maternispital in Dresden

Die fünfflügelige Anlage des 1837/38 errichteten Frauenaltersheims an der Freibergerstraße präsentiert sich als ganzes nicht als «Haus». Seine Schmucklosigkeit, vielmehr sein betont zurückhaltender Bauschmuck verwies darauf, daß das Spital eben doch nur als «Haus» angesehen werden sollte. Das Giebelfeld des Mittelbaus, mit dem architektonischen Motiv des offenen Dachstuhls geschmückt, besaß statt der Öffnungen Freskomalereien: polychrome Architektur. Das Maternispital wurde 1944 stark beschädigt und nach dem Krieg abgebrochen.

Ansicht der Fassade des Mittelbaus.

1839 Gärtnerhaus der Villa Rosa in Dresden-Neustadt

Zusammen mit der Villa Rosa (siehe Seite 64) wurde 1839 an der Holzhofgasse auch ein Pförtner- und Gärtnerhaus mit Orangerie und Gewächshaus errichtet. Dieser Bau stand immer im Schatten der Bewunderung für den Villenbau selbst. Was sein Bauprogramm betrifft, steht er in der Tradition des Donnerschen Pavillons, seine Architektursprache aber findet sich über zwanzig Jahre später wieder in der Villa Garbald. Die Baugruppe wurde nach dem Krieg zusammen mit der Villa abgebrochen.

Fotos der Baugruppe an der Holzhofgasse vom Obergeschoß der Villa Rosa aus gesehen und von der Straße her.

1863 Villa Garbald in Castasegna (Bergell/Graubünden)

Sempers Sohn Manfred war mit dem Sohn des Zolldirektors von Castasegna zur Schule gegangen. Deshalb wohl erhielt Semper diesen Bauauftrag. Er ließ seinen Entwurf in Castasegna 1863 durch Manfred ausführen, wahrscheinlich auf Wunsch des Bauherrn. Das Motiv des offenen Dachstuhls fügt sich gut in das Ortsbild des letzten Schweizer Dorfs oberhalb von Chiavenna. Der Dachstuhl ist heute verglast.

Aufnahme des Dorfes Castasegna (Ausschnitt).

Aufriß der Giebel- und Straßenfassade; Tusche, aquarelliert.

Grundriß des Erdgeschosses; Tusche, aquarelliert.

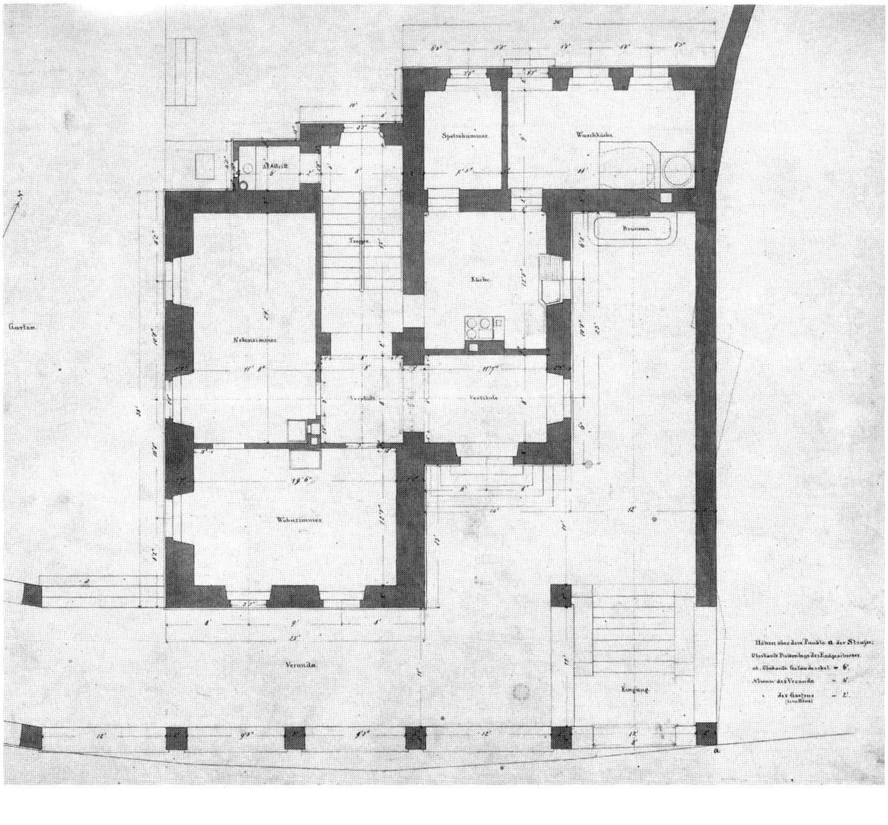

Palast

Dieser Bautyp ist für aufwendige, komplizierte und weitläufige Bauvorhaben der weitaus anpassungsfähigste. An Palästen wurde die profane Architektur als eine Herrschaftsform entwickelt. Paläste bilden ein großes Kompendium von historischen Referenzen, die, in neuen Bauaufgaben zitiert, Hinweise auf Organisationsform, Konstruktionsweise, Zweck, sozialen Rang und ökonomische Verhältnisse des Bauträgers zu liefern vermochten.

Es ist deshalb sicher nicht verwunderlich, daß sich Semper weitaus am häufigsten bei der Lösung seiner Bauaufgaben dieses Bautyps bediente. Semper schmückte – im Gegensatz zu vielen andern Architekten – seine Paläste fast ausschließlich mit «klassischen» Architekturformen, also mit Formen aus Epochen, die typischerweise Paläste gebaut hatten. Semper entwarf kaum gotische Paläste, wie F. von Schmidts Wiener Rathaus oder die Residenz in Coburg. Die derart eingeschränkte Formwahl führte aber keineswegs zu einer Beschränkung der architektonischen Phantasie.

Reihenwohn- und -geschäftshaus an der Rämistraße in Zürich.

Residenzschloß in Coburg.

Denkmal für König Vittorio Emanuele II. in Rom.

Hotel Schweizerhof in Beatenberg (Kanton Bern).

1838/39 Villa Rosa an der Holzhofgasse in Dresden-Neustadt

Semper erhielt 1838 den Auftrag des Bankiers Martin Wilhelm Oppenheim, eine Villa vor der Stadt zu bauen, die den Namen der Bauherrin tragen sollte. Die Arbeiten wurden 1839 ausgeführt. Die Villa wurde 1845 in Försters «Allgemeiner Bauzeitung» als vorbildliche Arbeit auf dem Gebiet des Villenbaus publiziert. Sie blieb, laut Volker Helas, für die Vorstädte Dresdens *die* Villa schlechthin.

Der erste Privatbau Sempers in Dresden bestand eigentlich aus einem «Donner-Pavillon» mit einem doppelstöckigen Wohnhaus darum herum. Semper ließ sich aber nicht dazu verleiten, eine «Villa Rotonda» mit allseitig gleicher äußerer Ausrichtung zu konzipieren, sondern gab dem Haus – seiner Lage zwischen Elbe-Ufer und Vorstadtgasse gemäß – eine deutliche Richtung: Man betrat das Haus schon im runden äußern Hof, der eine Vorbereitung auf den Zentralraum bildete und leider bereits 1866 entfernt wurde. Aus dem Vorsaal führten drei Wege in den Großen Saal auf der Elbe-Seite, durch den Zentralraum und die ihn flankierenden Korridore. Das ergibt eine mehrfach lesbare, interessante, aber auch unbekümmerte Baukonzeption des noch jungen Akademie-Professors.

Die Villa brannte 1945 aus und wurde anschließend abgetragen.

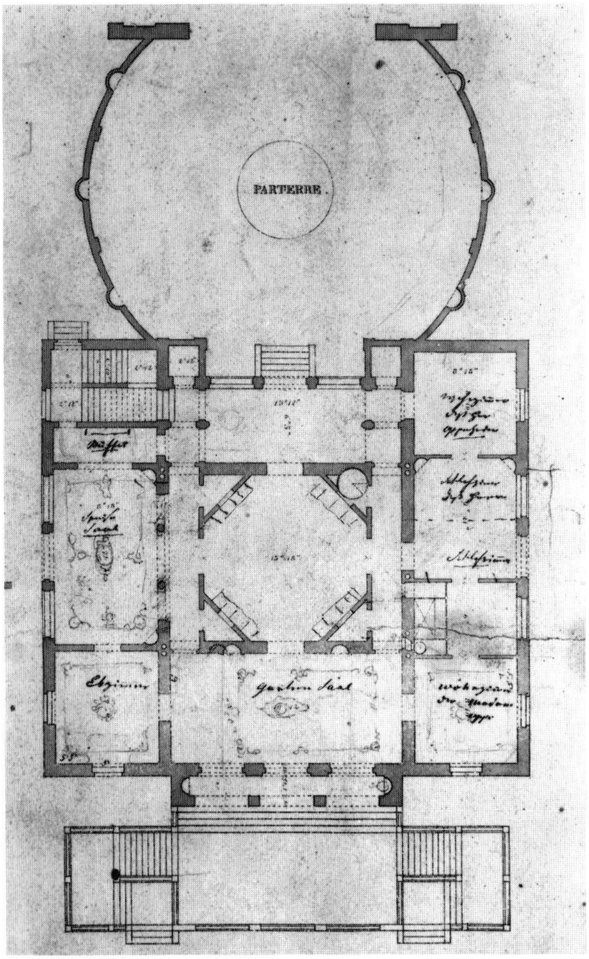

Grundriß; Tusche, aquarelliert.

Aufnahme der Gartenfront der Villa.

Querschnitt durch die Villa vom Hof zum Garten; Tusche.

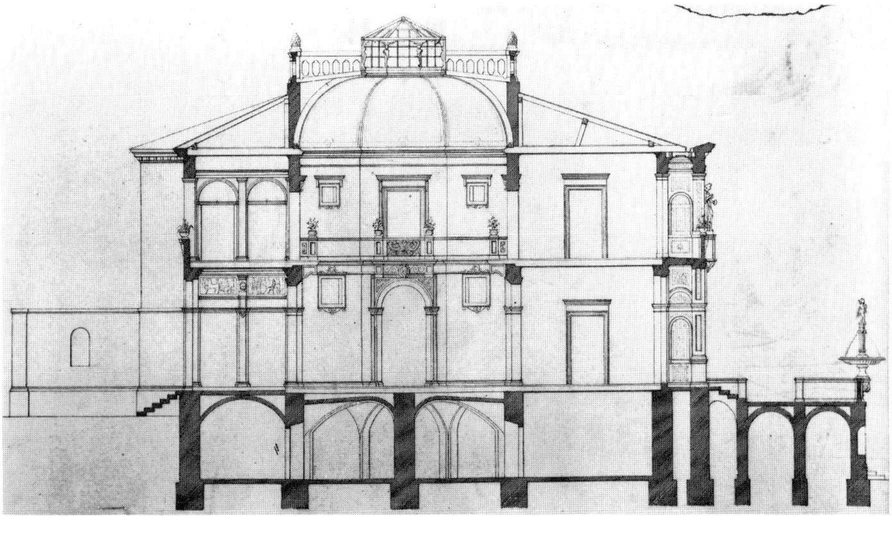

1845–1848 Palais Oppenheim an der Bürgerwiese in Dresden

Die Bürgerwiese – Ausfallachse nach Prag und städtische Promenade – war eine der repräsentativsten Adressen Dresdens. Jedes Baugelände, war es auch noch so unregelmäßig geformt, wurde so gut als möglich genutzt. Ein derartiges Grundstück konnte sich der Besitzer der Villa Rosa sichern. Semper baute ihm hier 1845–48 sein Stadtpalais auf einem beinahe dreieckigen Grundriß. Der Zentralraum – wieder ein Oktogon – befand sich ungefähr auf dem geometrischen Schwerpunkt des Grundstücks. Hier diente er nicht als repräsentativer Hauptraum, sondern als Gelenk zwischen den Repräsentationsräumen, die sich nicht alle hinter der Hauptfassade befanden. Im Erdgeschoß führte der längsten Seite des Grundstücks entlang eine Durchfahrt von der Hauptfassade in den tiefen Wirtschaftshof.

Die geniale Ausnützung des Grundstücks fand viel Bewunderung unter den Fachleuten. Aber nachdem das Palais bereits 1867 in andere Hände gekommen war, wurde es schon 1871 innen vollständig umgebaut. Es wurde im Zweiten Weltkrieg beschädigt und später abgebrochen.

Grundriß des Hauptgeschosses; Tusche, Bleistift, aquarelliert.

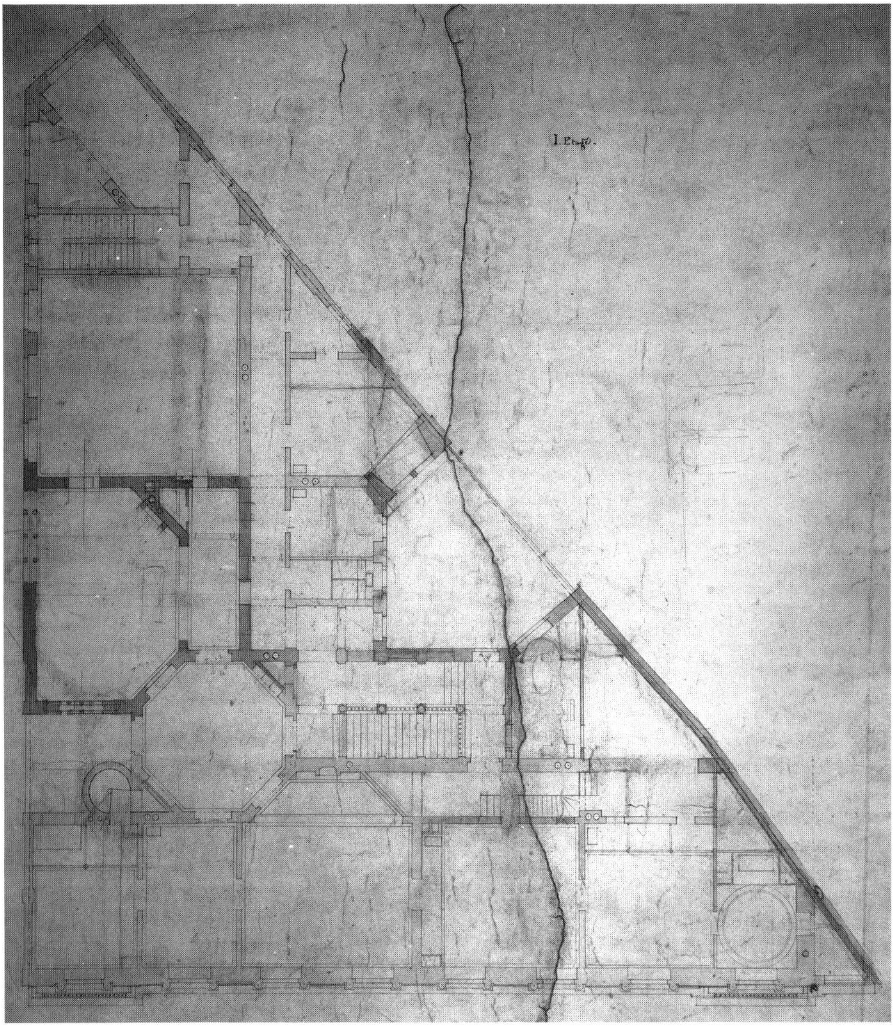

Aufnahme der Fassade an der Bürgerwiese, vor dem Umbau 1871.

Decke des Festsaals; Kopie einer Semper-Zeichnung von Carl Balthasar, der 1859 bis 1863 bei Semper in Zürich studierte.

1839–1851 Die Dresdner Gemäldegalerie und ihre Vorprojekte

Sempers erste Entwürfe zu einem Galeriegebäude für die Königliche Gemäldesammlung auf der Stallwiese am Elbe-Ufer in Dresden-Neustadt entstanden 1839. Moderne Kunstmuseumsbauten bestanden damals noch nicht viele, abgesehen von den Bauten für die Sammlungen in Berlin und München, mit denen sich die Dresdner Sammlung zwar an Wert, nicht aber an Umfang vergleichen ließ. Vor Semper hatten Schinkel einen «Musentempel» in Berlin und Klenze einen «Zweckbau» in München geschaffen.

Die in Dresden in Betracht gezogenen Baugelände, abgesehen vom Park hinter dem Zwinger, verlangten eine Breitenentwicklung des Galeriebaus, für die ein Zentralbau, wie er in

Ansicht des Museumsbaus auf der Stallwiese; Bleistift, Tusche, aquarelliert.

Grundriß des Hauptgeschosses dazu; Bleistift, aquarelliert.

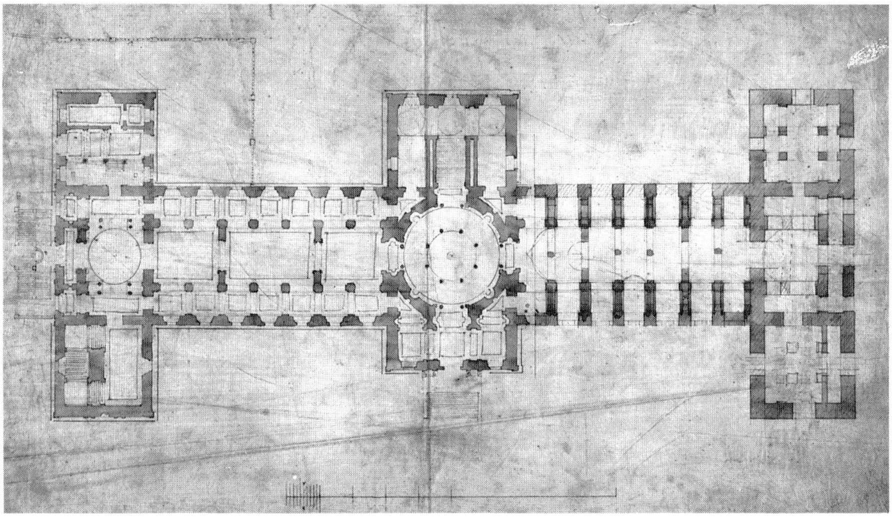

den Vatikanischen Museen oder in Berlin bestand, nicht in Frage kam. In den Jahren bis zum Baubeginn des Museums am Zwingerhof 1847 schuf Semper eine neue Museumskonzeption, die später große Verbreitung erfuhr: das Kunstmuseum als Palast. Darüber vergaß er aber nicht, daß die Kunstwerke eigentlich einer «Heimstätte» bedürften, die ihrer Verehrungswürdigkeit entspräche – eines Tempels der Kunst. So durchzog Sempers Schaffen eine Zentralbaukonzeption des Museums, die er später als für Kunstgewerbemuseen besonders geeignet empfahl, aber selber nie verwirklichen konnte. Sie fand ihre schönste Formulierung in den Skizzen zum Museumsbau am Zwingerwall.

Über dem Bau der Galerie mußte Semper fliehen, weil er sich 1849 aktiv am Aufstand zur Durchsetzung einer Verfassung für Sachsen beteiligt hatte.

Folgende Doppelseite: Adaptation des Konzepts «Stallwiese» auf die Situation am Zwinger mit Dachveränderungen an den anschließenden barocken Zwingerpavillons. Ansicht; Bleistift, aquarelliert.
Unten: Museumsbau hinter dem Zwinger, Aufriß und Grundriß; Bleistift.

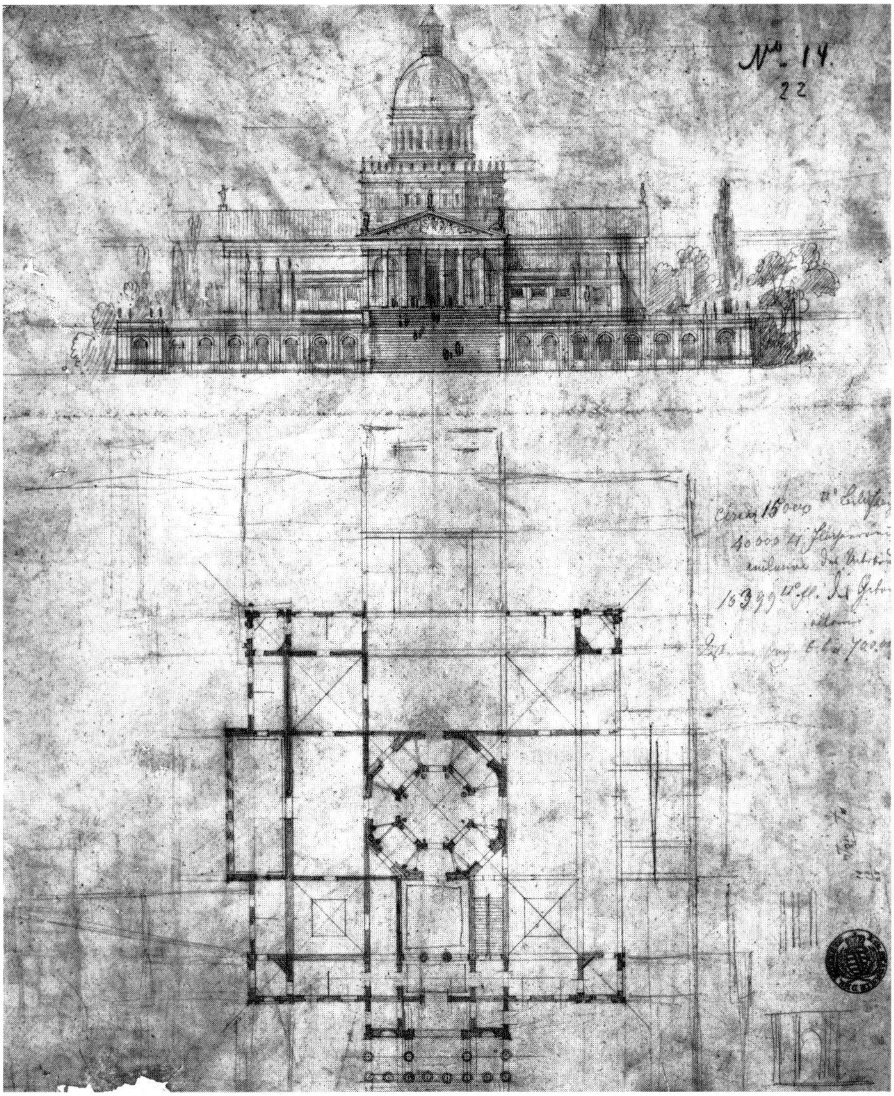

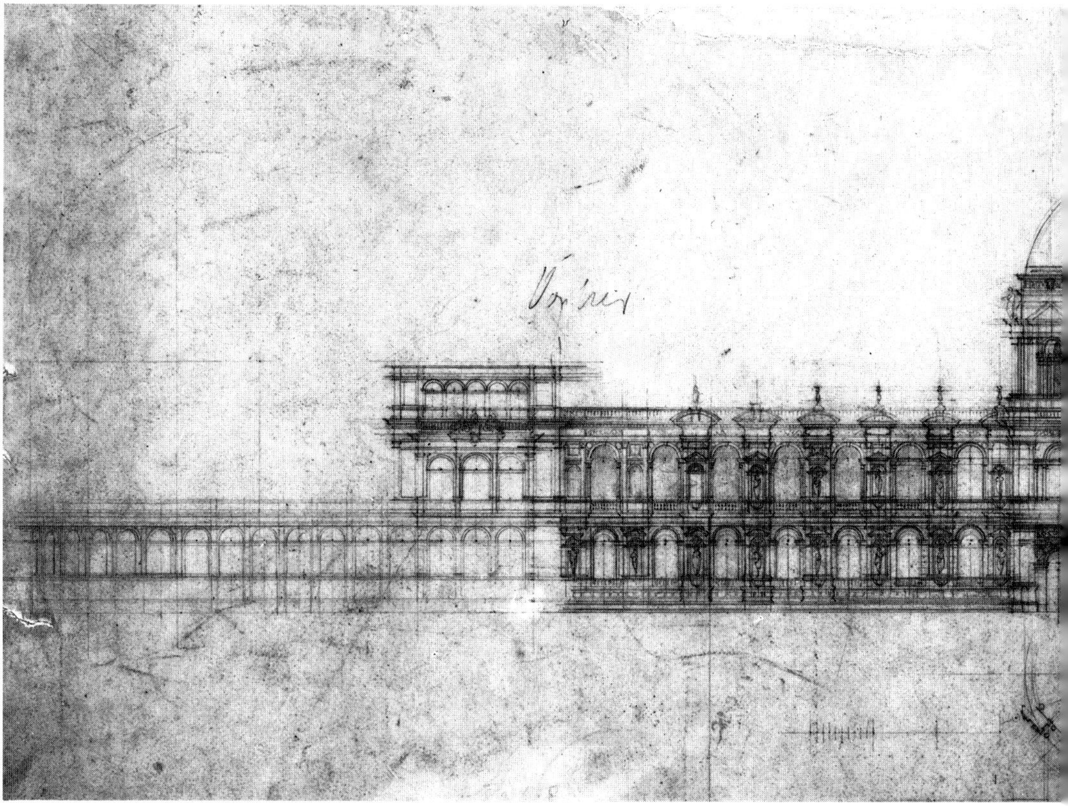

Aufriß der Fassade gegen den Zwinger, welcher Grundlage für die Perspektivkonstruktion auf S. 70/71 war; Bleistift.

Ansicht des von Bernhard Krüger, einem Schüler Sempers, nach dessen Flucht vollendeten Museums. Im Vordergrund das Denkmal Friedrich Augusts des Gerechten, Sempers erstes Werk in Dresden. Die Notizen in englischer Sprache auf der Zeichnung lassen vermuten, daß das Blatt in England für eine Publikation entstanden ist; Bleistift, Tusche.

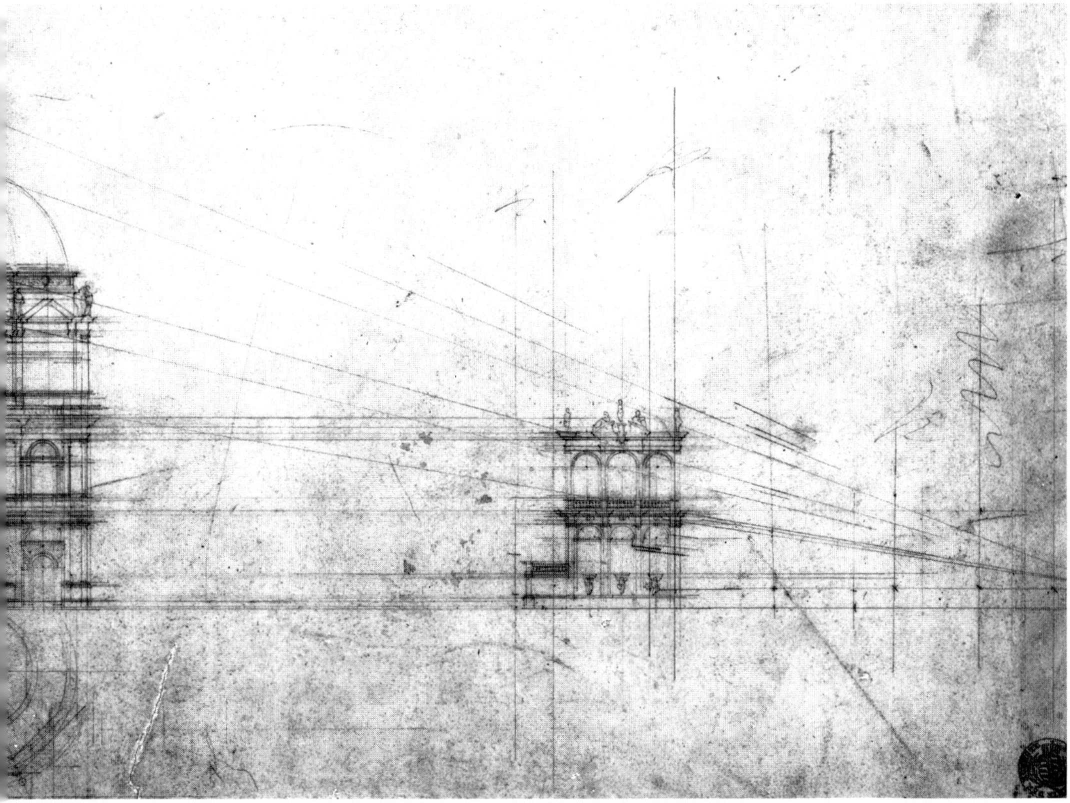

Grundrisse der Galerie: Hauptgeschoß, Erdgeschoß (links) und 2. Obergeschoß (rechts); Umzeichnungen von Martin Fröhlich.

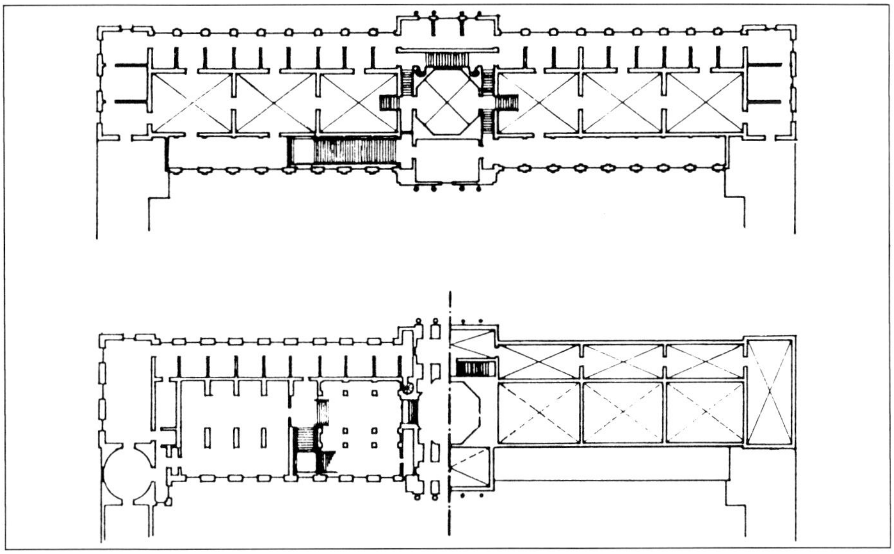

Semper konnte in der Schweiz nicht lückenlos an die großen Bauaufträge seiner letzten Jahre in Dresden anschließen. Die Republik Zürich bot dem Neuzugezogenen nicht die Möglichkeiten des Königreichs Sachsen. Zu verschiedenen Malen versuchte sich Semper über Gutachten, die er jeweils mit Projektskizzen versah, Bauaufträge zu sichern. Auch beteiligte er sich an Wettbewerben.

Wahrscheinlich im Auftrag des Bauunternehmers und Spekulanten Martin Koch, dessen Sohn Alexander später bei Semper studierte, entstand 1857 das nie ausgeführte Projekt für ein Kaufhaus im Tiefenhof, der unmittelbar westlich an das Kratzquartier anschließt. Mit diesem Entwurf dürfte Semper den ganzen künftigen Geschäftshäuserbau in Zürich, der fast durchgehend als Läden genutzte Mezzaningeschosse aufweist, beeinflußt haben.

Zum Wettbewerb für einen Neubau des Zürcher Bahnhofs wurde Semper zusammen mit den bekanntesten Zürcher Architekten eingeladen. Zu seinem Projekt lieferte Semper zwar eine brillante Beschreibung, hinter der das Projekt selber weit zurückbleibt. Aus dem Wettbewerb ging kein Gewinner hervor. Der bahneigene Chefarchitekt, Jakob Friedrich Wanner, errichtete den heutigen Neubau 1864 bis 1871.

Kaufhaus im Tiefenhof, Ausschnitt aus dem Projektblatt: Aufriß und Grundriß Erdgeschoß; Bleistift, Tusche, aquarelliert.

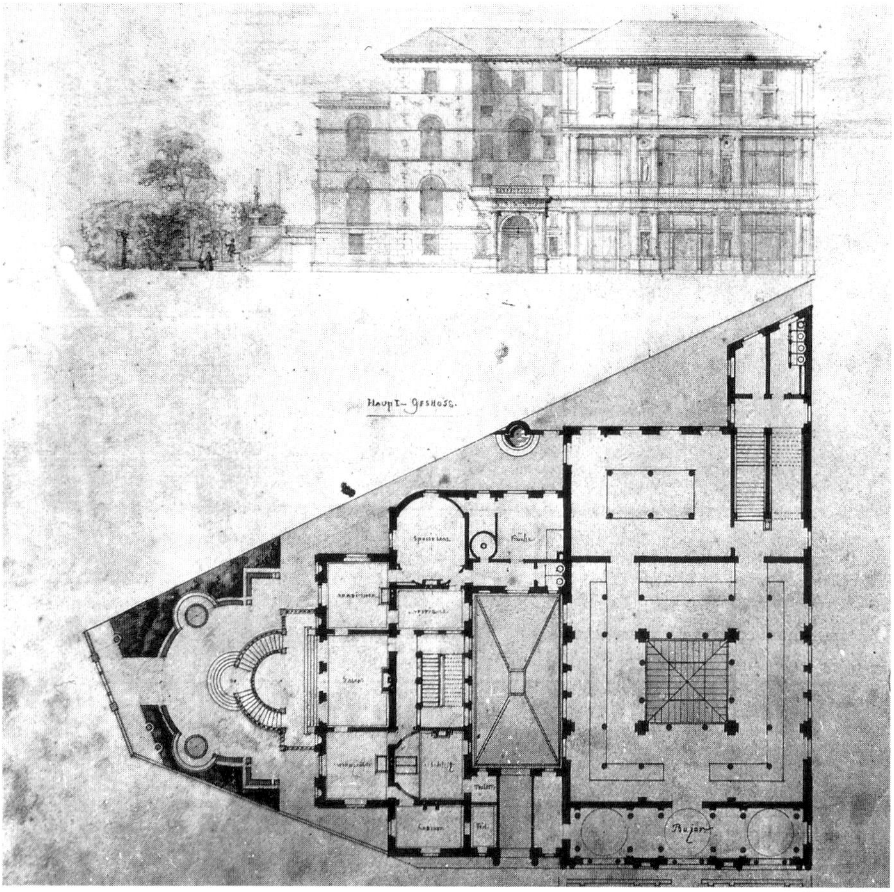

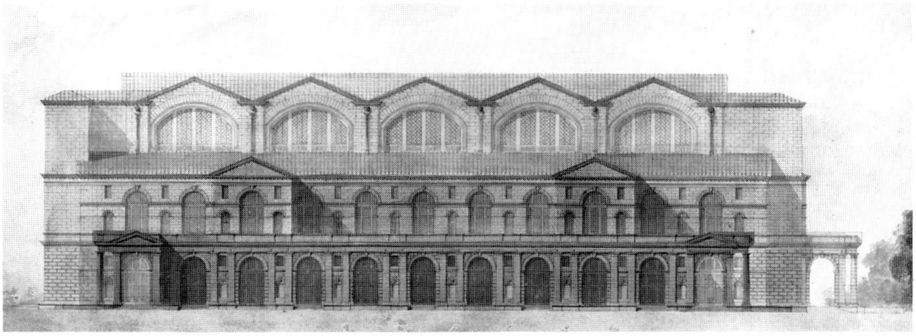

Bahnhof Zürich, Aufriß; Tusche, aquarelliert.

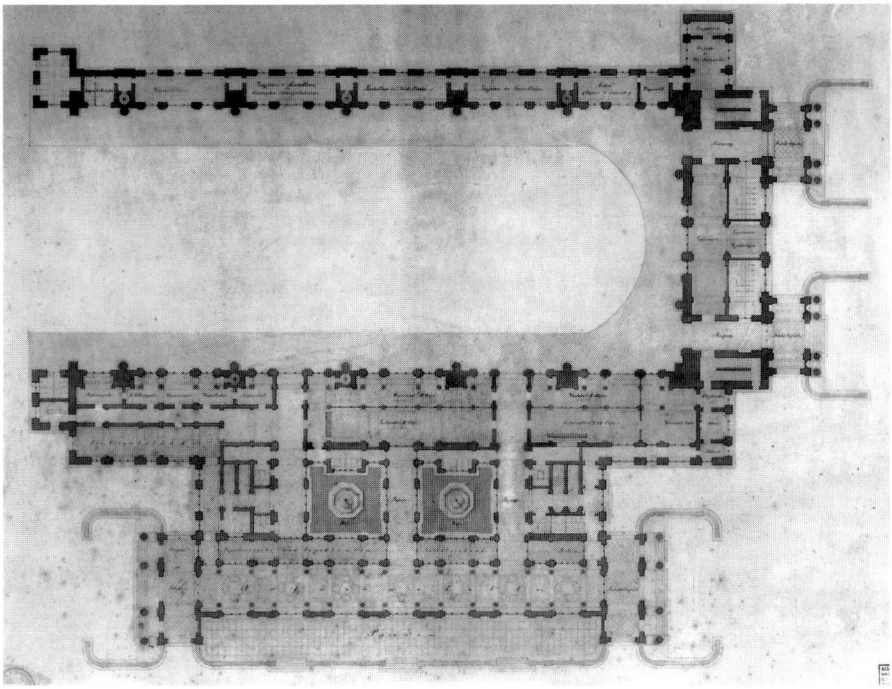

Bahnhof Zürich, Grundriß Erdgeschoß; Tusche, aquarelliert.

Bahnhof Zürich, Vorzeichnung für eine Innenansicht der Bahnhofshalle (auf keinem der erhaltenen Blätter dieses Projekts sind Eisenbahnschienen oder gar Züge zu sehen!); Bleistift.

1858–1864 Hauptgebäude des Eidgenössischen Polytechnikums in Zürich

Das weitaus umfangreichste Werk Sempers aus seinen Zürcher Jahren stand von Anfang an unter einem schlechten Stern: Ein Architekturwettbewerb unter Schweizer Architekten, dessen Grundlagen offenbar Semper verfaßt hatte, verlief 1858 ergebnislos. So blieb dem Kanton Zürich, der das Schulgebäude für den Bundesstaat zu bauen hatte, nichts anderes übrig, als den Architekturprofessor der 1855 eröffneten Hochschule selber um ein Projekt zu bitten. Das Konzept sah vor, daß das für das damalige Zürich gewaltige Bauwerk nicht nur die bundeseigene Technische Hochschule, sondern auch die kantonale Universität Zürichs beherbergen sollte.

Sempers Projekt wies der Verwaltung des Polytechnikums, den Behörden der Universität, den Zeichensälen der künftigen Ingenieure und Architekten (im Nordflügel) und den gemeinsamen Sammlungen der beiden Hochschulen je einen der vier einander ähnlichen Trakte zu, die je aus einem Mittelrisalit mit den Vertikalverbindungen und zwei Flügelbauten mit einer paarigen Anzahl Fensterachsen bestanden. Der so entstandene Innenhof, der die

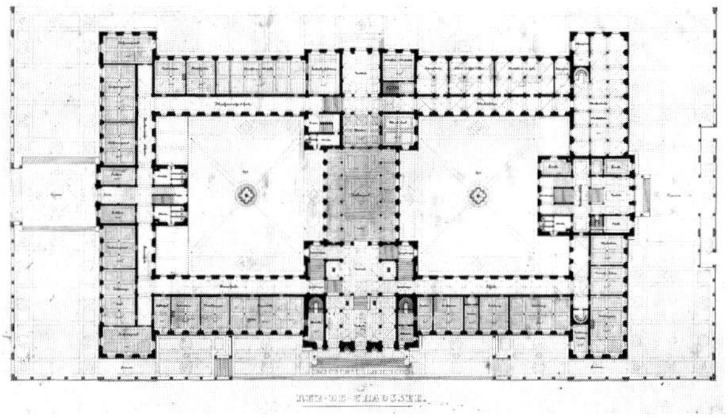

Grundriß des Erdgeschosses, links der Zeichensaalflügel, rechts der Universitätsflügel; Tusche, aquarelliert.

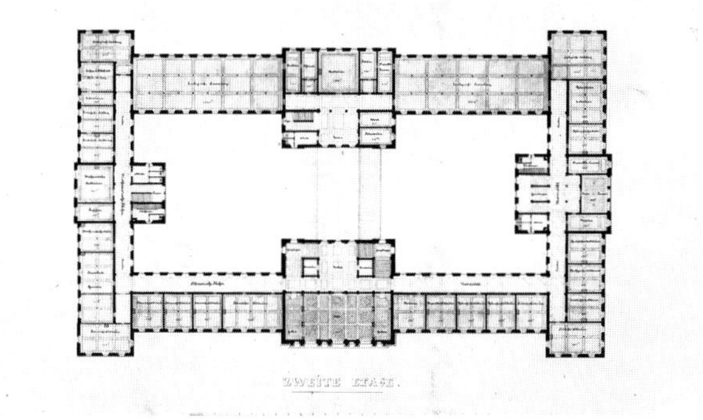

Grundriß des 2. Obergeschosses mit der Aula (unten); Tusche, aquarelliert.

Querschnitt durch die Antikenhalle (im Detail nicht so ausgeführt); Tusche, aquarelliert.

Korridore beleuchtete, wurde durch die eingeschossige Antikenhalle, ein Museumssaal mit Abgüssen antiker Bildwerke, geteilt. Ein fünfter ähnlicher Baukörper stand aus Sicherheitsgründen isoliert hinter dem Gebäude. Er enthielt die chemischen Laboratorien und bildete sozusagen das Thema der architektonischen Komposition.

Weil Semper in Zürich der Ruf vorausgeeilt war, er sei ein Architekt, der sehr teuer baue, übertrug man dem ortsansässigen Kantonsbaumeister Johann Kaspar Wolf die Bauleitung 1859 bis 1864. Seine Sparmaßnahmen hatten für den Bau freilich katastrophale Folgen: Als 1920–24 das Hauptgebäude, nach dem Auszug der Universität, zum ersten Mal umgebaut wurde, befand es sich in einem so miserablen Bauzustand, daß das Innere mit Ausnahme der Mittelrisalite – der östliche wurde abgetragen – vollständig erneuert und die Sandsteinfassade in Kunstsandstein repliziert werden mußte. Diese Maßnahme wurde allerdings so sorgfältig ausgeführt, daß den Baufachleuten des zweiten Ausbaus (1965–1978) die Tatsache, daß es sich an den Fassaden um Kunstsandstein handelte, unbekannt blieb...

Diese relativ genaue Schilderung der Bauabsicht Sempers und der Geschicke des Bauwerks ist deshalb notwendig, weil sie sich am heutigen Bau kaum mehr nachvollziehen las-

Aufnahme von Nordwesten, vor 1896; Obergeschosse Wandflächen verputzt mit Fugenstrichen (heute Kunstsandstein).

Vogelperspektive, Aquatinta von Heinrich Zollinger, 1871; im Vordergrund das Chemiegebäude, im Hintergrund die Zürcher Altstadt.

Flugaufnahme des ETH-Hauptgebäudes 1986; im Hintergrund mit Kuppel und Erweiterungsbauten von Gustav Gull 1920–1924; auf dem Dach zwischen Hauptfassade und Kuppel sowie vor der Hauptfassade die Annexe der Ausbauphase 1965–1978 von Charles Edouard Geisendorf.

sen. Die angeblichen oder echten Bedürfnisse für ein Weiterleben der Schule haben das Gebäude während des Ausbaus der Höfe 1965–1978 fast bis zur Unkenntlichkeit massakriert.

Trotzdem enthält das Haus heute noch hinter seiner Hauptfassade eine einmalige Kostbarkeit: den einzigen original erhaltenen, polychrom gefaßten Innenraum, der nach Sempers Angaben ausgeführt worden ist. Allerdings ist auch die Aula des Polytechnikums nie ganz vollendet worden. Die vier großen allegorischen Wandbilder und die acht vergoldeten, von Semper entworfenen Gaskandelaber wurden nie ausgeführt. Dieser Raum ist für Sempers Innenarchitektur so wichtig, daß seine genaue Kenntnis für den Wiederaufbau des Dresdner Opernhauses (siehe Seite 109) unerläßlich war. Nur hier konnte nachgeprüft werden, wie genau sich die Bauausführung an Sempers eigenhändige Entwürfe hielt: Die Malereien J.-B. Bins folgen bis in Detail Sempers Entwürfen. Alle andern Innenräume der Schule enthalten nur Grundierungen für nie ausgeführte Dekorationen.

Das Portal zum Südflügel, ehemaliger Sitz der Universität Zürich, mit den in Form und Farbe wiederhergestellten Kandelabern, die 1864 nach Zeichnungen Sempers gegossen worden waren.

Eine Schmalwand der Aula; Tusche, aquarelliert (das Gemälde des mittleren Wandfeldes sowie die Allegorien des Architravs wurden nie ausgeführt).

Die Decke der Aula; Tusche, aquarelliert. Die Gemälde zeigen eine Apotheose der Pallas Athene: Geburt der Athene in der Mitte, die Sitzfiguren darum herum sind vier Emanationen der Athene als weise, heilende, schöpferische und künstlerische Kraft, die seitlichen Gemälde zeigen sie als Gigantenvernichtende und Kulturschaffende. Die Gemälde über den Tribünen zeigen zwischen den Wappen der Eidgenossenschaft (ETH) und des Kantons Zürich (Universität) die vier Fakultäten und die drei Grazien. Die ganze Ikonologie des Saales entwickelte Semper in einer längeren Abhandlung.

Vestibül des Haupteingangs, Aufnahme vor dem Umbau 1920.

Aufnahme der Aula um 1900.

1864–1870 Stadthaus in Winterthur

Winterthur, die aufstrebende Industriestadt des Kantons Zürich, hätte wohlfeiler zu einem Stadthaus kommen können, wenn die Gemeindeversammlung am 10. Mai 1865 dem Projekt ihres Stadtbaumeisters Bareis zugestimmt hätte. Allein, die Versammlung folgte ihrem Stadtpräsidenten Sulzer, der mit dem Auftrag an Semper und einem kostspieligeren Projekt ein kulturelles Zeichen in und für Winterthur setzen wollte.

So entstand zwischen dem 31. Juli 1865 und dem 30. Oktober 1870 Sempers späteres Lieblingswerk, vielleicht das aussagekräftigste Bauwerk für die Epoche zwischen dem Polychromiestreit und dem Ersten Weltkrieg überhaupt. Die Gegenüberstellung der Fassadenskizze von 1864 mit dem Foto von etwa 1920 vermag nur ahnen zu lassen, wie sehr Semper

Ansicht des Ausführungsprojekts von Südosten; Tusche, aquarelliert, bezeichnet «G Semper inv. et fec. 1864».

durch konsequente Vereinfachung der Grundrisse und Baukuben das Projekt zu verdichten vermochte.

Die Perspektivzeichnung von Sempers Hand kann vielleicht spüren lassen, wie viele Details, vor allem Malereien (Sgraffiti oder Mosaiken) am Äußeren 1870 unterblieben, weil die Stadt Winterthur durch den Bankrott der Nationalbahn ihr Vermögen und damit auch die Mittel für den Schmuck ihres Stadthauses verloren hatte. Noch bevor Semper seine Projektzeichnungen an der Weltausstellung in Paris 1878 ausstellen ließ, beschwor er die Behörden, den Bau auch künstlerisch zu vollenden.

Das gigantische Mißverständnis, dem die Architektur des späten 19. Jahrhunderts im Zeichen des Neuen Bauens ausgesetzt war, ließ damals das polychrom gedachte Stadthaus als klassizistischen Bau mißverstehen. Alles, was dem so zugedachten Ausdruck der «edeln Ein-

Aufriß der Hauptfassade eines Vorprojekts vom Februar 1864.

Aufnahme der Hauptfassade aus der Hauptachse, um 1920.

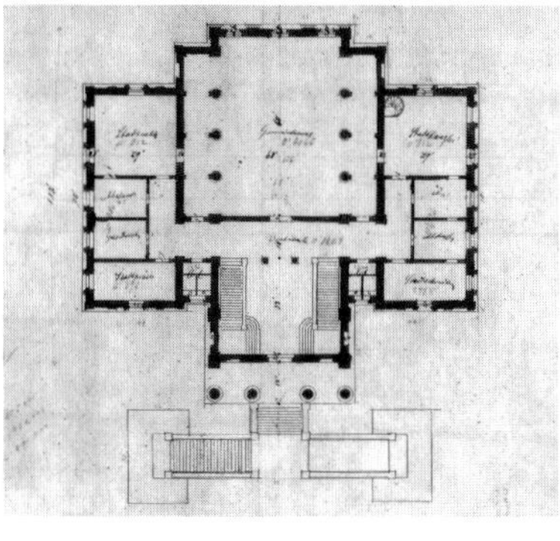

Grundriß des Hauptgeschosses; Tusche, aquarelliert.

falt und stillen Größe» widersprach, wurde 1932–1934 rücksichtslos geopfert: Die beiden Schrägaufnahmen vor und nach dem Umbau jener Jahre zeigen, wieviel der Bau durch die beiden rückseitig angehängten Fensterachsen an Eleganz der Baukörper und durch das Kappen der Giebelbekrönungen an Ausdruckskraft verloren hat. Die an Winckelmann orientierten hellen Farbtöne im Innern vollenden diese Fehldeutung: Eines der kostbarsten Bauwerke Europas ist den Besserwissern zum Opfer gefallen.

Aufnahme von Südwesten, um 1920.

Aufnahme von Südwesten, nach 1934.

1864 Entwurf Villa Oberst Rieter-Rothpletz in Zürich-Enge

Weil Rieter später die Villa Wesendonck gekauft und diese in «Rietberg» umbenannt hatte, glaubte man lange, in diesem Projekt eine Vorstudie zur Villa Wesendonck sehen zu dürfen. Semper erhielt den Auftrag zu diesem Projekt am 14. März 1864. Zu diesem Zeitpunkt war die Villa Wesendonck längst vollendet. In zwei Projekten griff Semper auf seine Arbeit an der Villa Rosa zurück, verwendete den doppelgeschossigen Zentralraum hier nochmals als Privatmuseum des Bauherrn. Der Grundrißvergleich zwischen den beiden Villen Sempers ist sehr aufschlußreich: Hier verlaufen die parallelen Trakte, die den Grundriß bilden, nicht senkrecht, sondern längs der Hauptfassaden – der Zentralraum wird eindeutig zum Durchgangsraum. Dafür weist die ausgeschiedene Kuppel viel eindeutiger auf die zentrale Organisation der Villa hin.

Bleistift-Skizzenblatt, das zu den Entwürfen für die Villa Rieter gehören muß. Es zeigt die Entwurfstechnik Sempers, die sehr häufig von entsprechenden Referenzen ausgeht. Hier wurde Lippis Villa Medici in Rom zitiert.

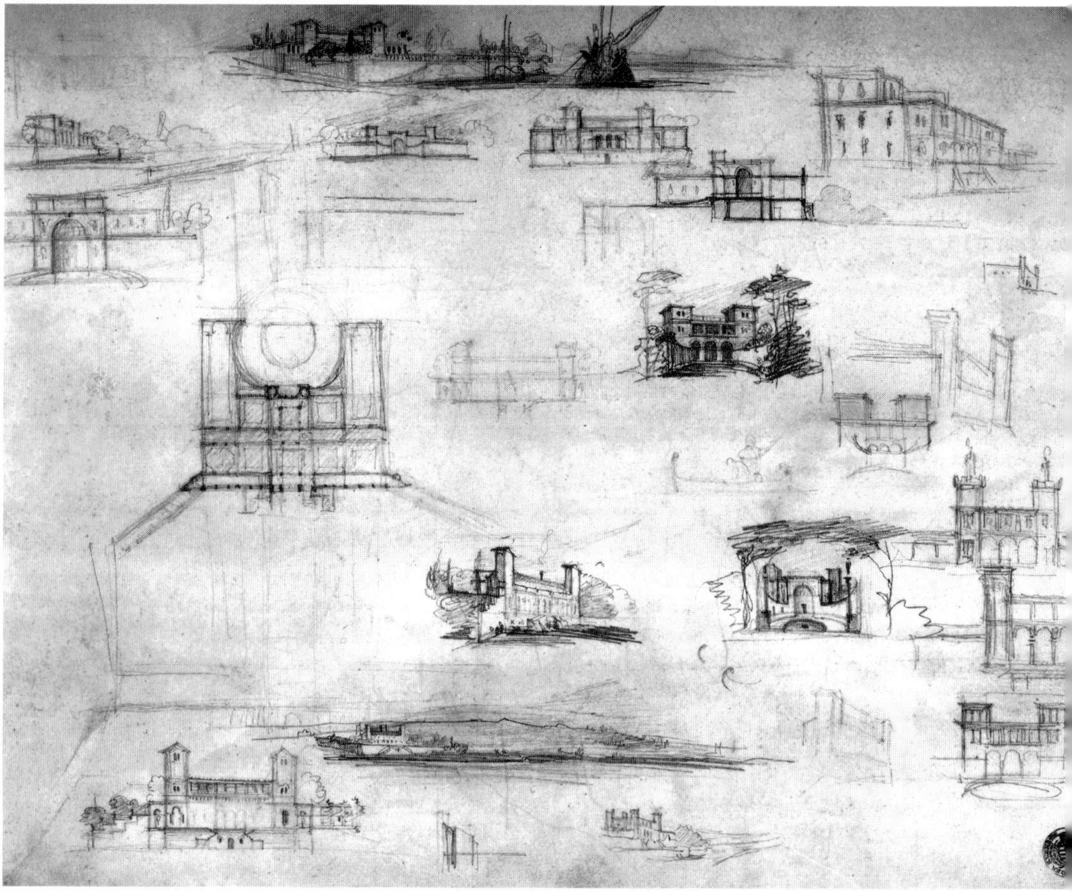

Nachdem der Bauherr einem andern Architekten während eines Kuraufenthalts die Bauausführung in Aussicht gestellt hatte, verlangte Semper, durch die schlechten Erfahrungen mit der Bauleitung des Polytechnikums wütend und gekränkt, in einem Brief vom 12. September 1864 die Pläne zurück und verzichtete auf den Auftrag.

Auf- und Grundriß des Zweiten Projekts; Tusche, Bleistift, aquarelliert.

Die Zürcher Sternwarte und das Winterthurer Stadthaus blieben die einzigen hervorragenden Bauten Sempers während seiner Zürcher Jahre. Kleinere Bauaufträge konnten ihn nicht sehr faszinieren, und verschiedene Projekte, die ja ausnahmslos im Hinblick auf Bauaufträge erarbeitet worden waren, gelangten nicht zur Ausführung, was häufig mit herben Enttäuschungen für Semper verbunden war.

Sein Projekt für den Kursaal in Baden (Kanton Aargau), den er, wie andere Entwürfe, als Beilage zu einem Gutachten gezeichnet hatte, blieb zwar aus Kostengründen auf dem Papier. Dennoch vermochte der Entwurf mit seiner von innen und außen bespielbaren Theaterbühne, seiner Großzügigkeit und seiner Eleganz die spätere Kursaalarchitektur weit über Baden hinaus zu beeinflussen.

Für den Textilkaufmann und Nationalrat Heinrich Fierz, einen einflußreichen Zürcher Politiker, baute er in der Nähe des Polytechnikums eine Handelsniederlassung. Große Kaufleute prägten besonders in der Renaissance und besonders in Italien das Gesicht ihrer Stadtrepubliken – die Wahl der Formensprache ist deutlich. Die Straße führt an der Nordfassade vorbei. Dort befanden sich die Lager- und Schauräume mit Nordlicht. Sie wurden flankiert durch die Arbeitsräume in den schmalen Seitentrakten. Diese verbindet eine offene Loggia auf der Süd- und Hofseite, die den Eindruck der italienischen Grandezza noch unterstreicht.

Aufnahme des Handelshauses Fierz in Zürich, um 1905.

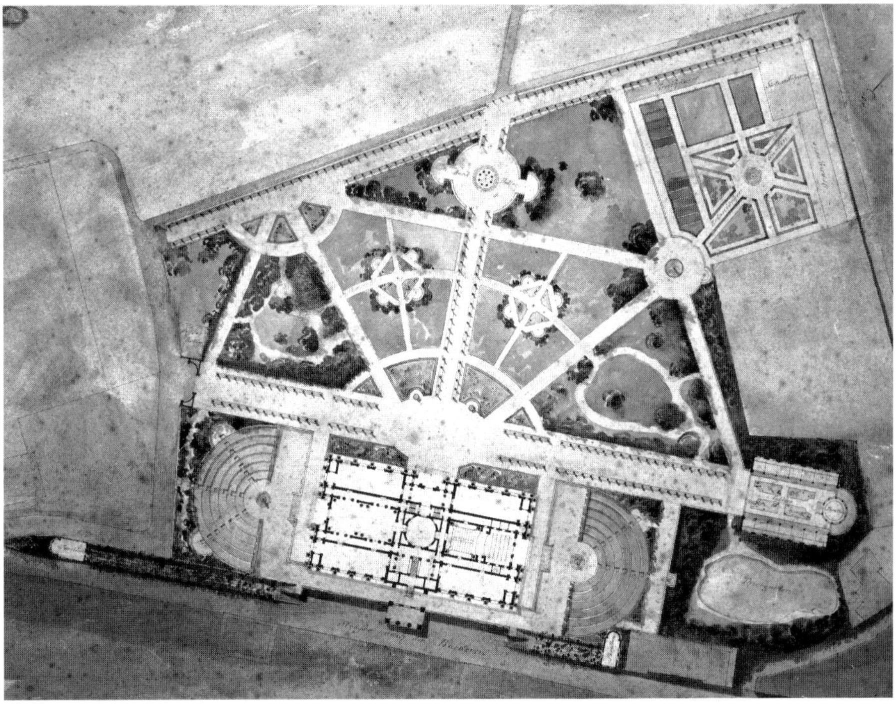

Kursaal Baden, Grundriß des Hauptgeschosses und der Gartengestaltung; Tusche, aquarelliert, bezeichnet «G Semper inv. 1866».

Kursaal Baden, Aufriß der Straßenfassade; Tusche, aquarelliert, bezeichnet «G Semper inv. 1866».

1869 Entwurf für die Börse in Wien

Semper wohnte noch in Zürich, als er am 13. August 1869 zusammen mit den Wiener Architekten Heinrich Ferstel, Theophil Hansen und Karl Tietz zu einem Wettbewerb für den Bau der neuen Wiener Börse eingeladen wurde. Das von Semper eingereichte Projekt wurde – angeblich wegen architektonischer Mängel und mißproportionierter Fassaden – am 27. Februar 1870 ausgeschieden. Gebaut wurde später nach dem Entwurf Hansens. Die Börse gehört zu den letzten Entwürfen Sempers. Das Projekt fand unter seinen Schülern großen Nachhall, besonders bei den Konkurrenten für das Bundesgerichtsgebäude in Lausanne.

Rückfassade des Projekts I; Tusche.

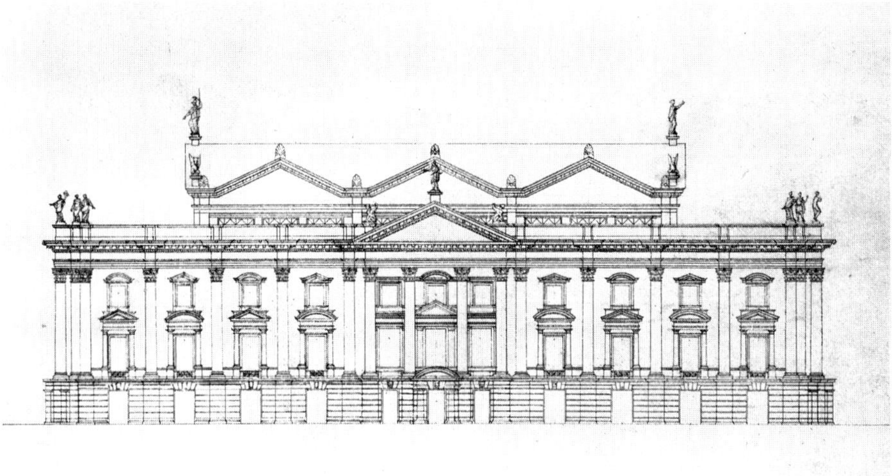

Hauptfassade des Projekts II; Tusche, aquarelliert.

Palast: Theaterbauten

Sempers Schaffen als Theaterarchitekt ist so wichtig, daß es einer zusammenhängenden Darstellung innerhalb des Bautyps «Palast» bedarf. Für Sempers Arbeit waren drei Arten von Theaterbauten von Bedeutung:

- das damals übliche, in der Barockzeit entwickelte Logentheater;
- das griechische Theater mit Bühnenhaus und halbkreisförmigem Zuschauertrichter;
- das «Odeon», griechisches Theater auf rechteckigem Grundriß, das er auch im Shakespeare-Theater wiederbelebt sah.

Hauptreferenz für den Fassadenbau eines Theaters bildete bis zur Entwicklung des Wagner-Festspielhauses (das richtigerweise, wie von Wagner und Semper getan, wegen seines Fehlens von Rängen und Logen «Demokratisches Theater» genannt werden müßte) der Fassadenaufbau des Kolosseums mit dorischer, ionischer und korinthischer Ordnung. Die Leitform, die fast durchwegs den «Palast» zum Theater kennzeichnete, blieb die halbkreisförmige, später viertelkreisförmig gebogene Schauseite des Gebäudes.

Staatsoper Wien von Van der Null und Sicard von Siccardsburg.

Festspielhaus Bayreuth von Brückwald und Brandt.

Alte Oper in Frankfurt am Main von Lucae.

Schauspielhaus in Berlin von Schinkel.

1838–1841 Erstes Hoftheater in Dresden

Dem Bau des Theaters ging eine längere Planungsphase voraus. Semper begegnete noch Tieck, dem Shakespeare-Übersetzer. Auf ihn ging wohl die Idee zurück, sich mit dem Shakespeare-Theater auseinanderzusetzen; Erkenntnisse aus dieser Arbeit ließ Semper in die Dresdner Theaterplanung einfließen. Das trichterförmige Proszenium des Vorentwurfs stellt die Weiterentwicklung eines Bühnenportals dar, das sich Semper dreiteilig, also mit seitlichen Proszeniumsöffnungen, vorgestellt hatte.

Im 1838 bis 1841 errichteten Theater wurde – aller ganz anders gedachten Vorprojekte zum Trotz – ein relativ traditioneller Zuschauerraum sowie eine im Verhältnis zur Gesamtgrundfläche immens große Bühne realisiert.

Kurz nach der Eröffnung des Hoftheaters am 12. April 1841 mit einer Aufführung von Goethes «Torquato Tasso» kam 1842 der junge Richard Wagner nach Dresden. Nach der Uraufführung seines «Rienzi» sollten noch einige seiner Opern im Hoftheater uraufgeführt werden. Mit Wagner verband Semper eine lebenslange Freundschaft.

Aufriß der Hauptfassade eines Vorentwurfs.

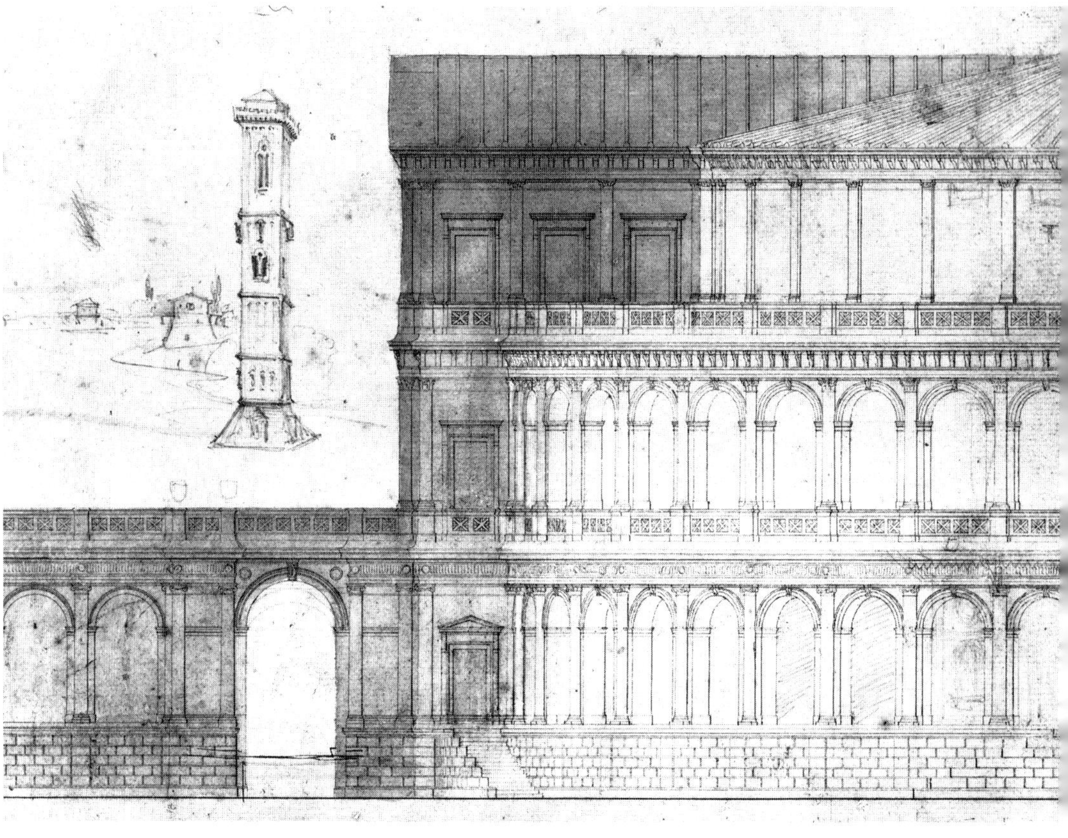

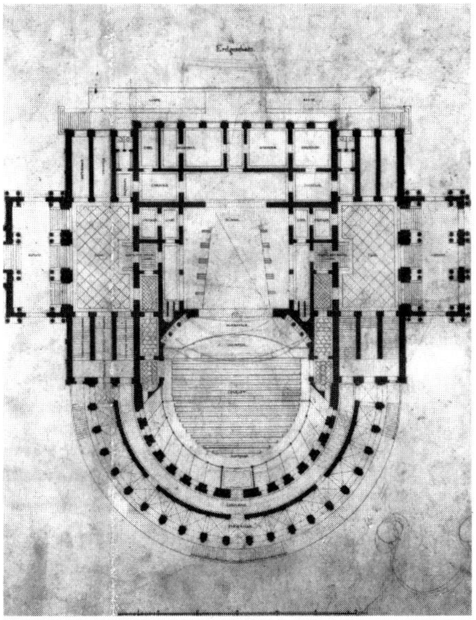

Grundriß dieses Vorentwurfs.

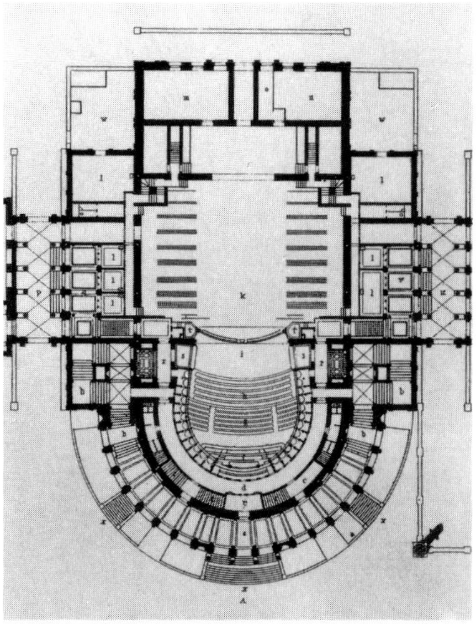

Grundriß des ausgeführten Hoftheaters nach dem von Vieweg in Braunschweig 1849 publizierten Stichwerk «Das königliche Hoftheater zu Dresden».

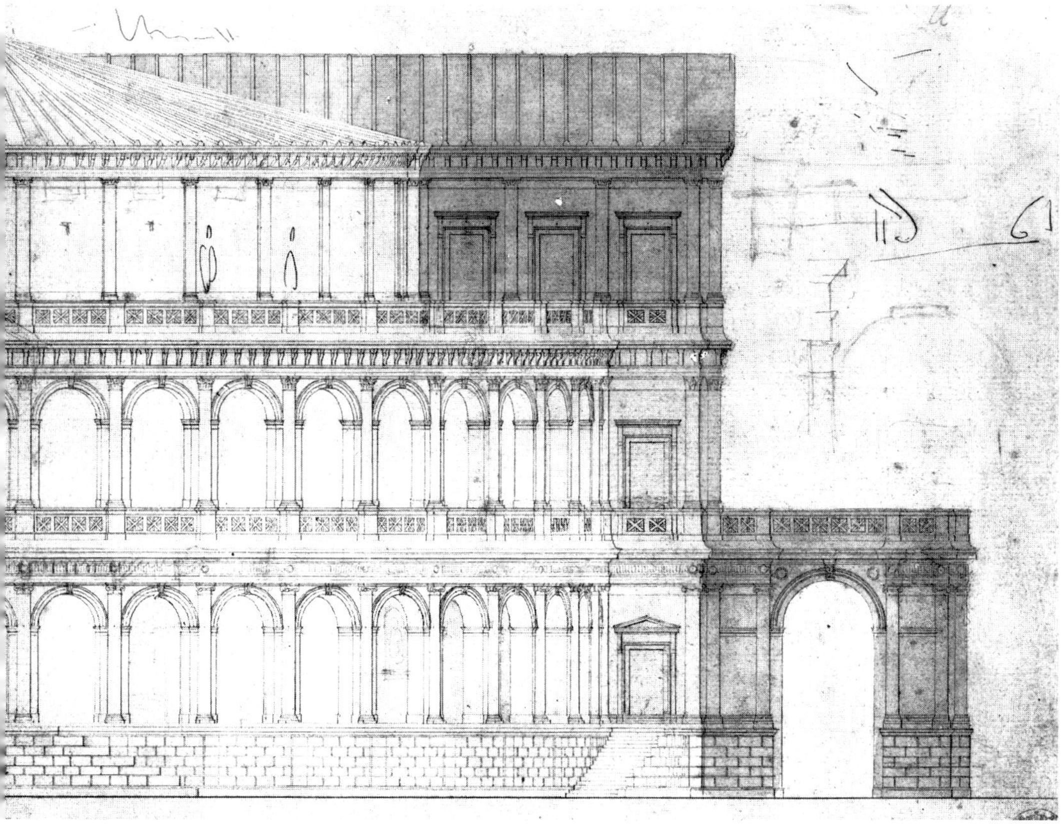

Aufnahme des Hoftheaters um 1865 von Osten.

Aufnahme des Hoftheaters um 1865 von Süden.

Aufnahme des Hoftheaters nach dem Brand vom 21. September 1869.

1854 Entwurf zu einem Theater im Crystal Palace in Sydenham, London

Sir Joseph Paxtons Crystal Palace, das berühmte Gebäude der ersten Weltausstellung 1851 im Londoner Hyde-Park, wurde 1854 nach Sydenham als Gewerbeausstellungsbau versetzt. Dort sollte auch ein Theater- und Konzertraum eingebaut werden. Wie sehr Semper zwar am Auftrag interessiert war, wie wenig ihn aber die Struktur des Gebäudes interessierte – obwohl er sich streng an dessen Bedingungen hielt –, mögen vielleicht die beiden Zeichnungen verständlich machen. Beide gewähren durch eine Art Bühnenhaus hindurch einen Einblick in den Zuschauerraum.

Ansicht des Theaters; Tusche, aquarelliert.

Ansicht des Theaters mit Struktur des Crystal Palace; Tusche, aquarelliert.

1857/58 Entwurf für ein Theater in Rio de Janeiro

Die Hauptstadt des Kaiserreichs Brasilien schrieb am 28. November 1857 einen internationalen Wettbewerb für die Projektierung eines Hoftheaters in Rio de Janeiro aus. Europäer hatten ihre Entwürfe vor dem 1. Juli 1858 abzuschicken. In diesem Entwurf entwickelte Semper die Baukörper ganz nach seiner Forderung, die Bauteile am Theater müßten aus ihrem Zweck heraus entwickelt und in ihren Funktionen ablesbar sein. In dieser Hinsicht bildet der Entwurf eine wichtige Etappe in der Geschichte der Theaterarchitektur.

Hälfte des Zuschauerraums; die Bleistiftzeichnung zeigt gut, wie intensiv Semper an diesem Entwurf gearbeitet hat.

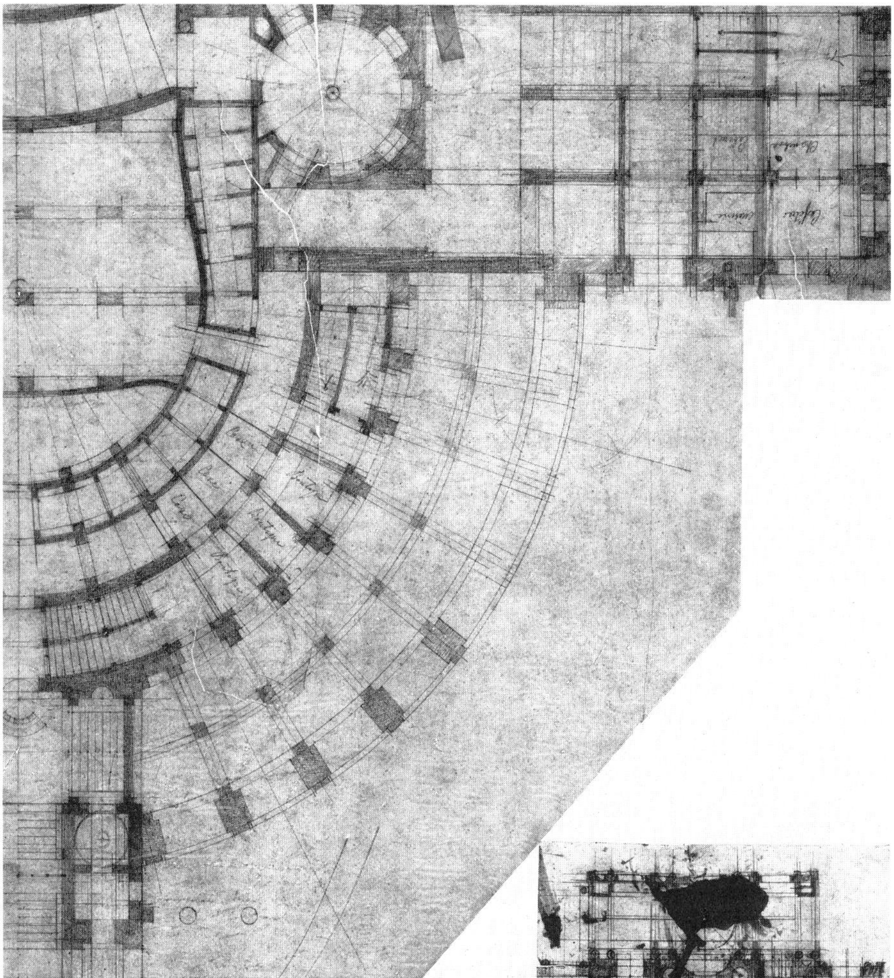

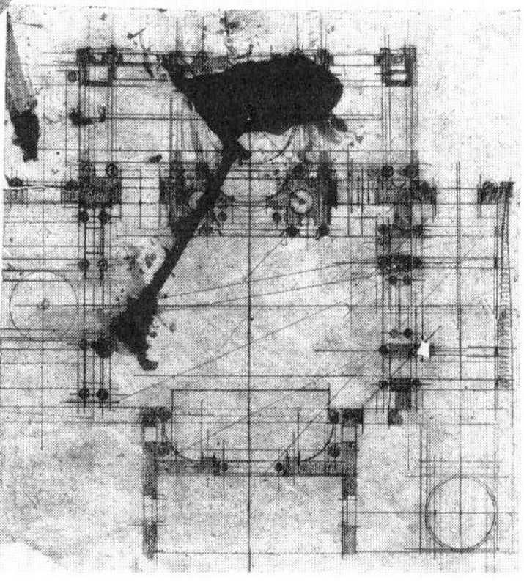

Ansicht des Theaters in einem Palmenhain.

Aufriß einer Seitenfassade.

Rechts: Querschnitt durch das Bühnenhaus; Semper setzte wohl aus klimatechnischen Gründen, um eine Querlüftung zu erreichen, eine Art Gasse zwischen die Baukörper.

Aufriß der Hauptfassade.

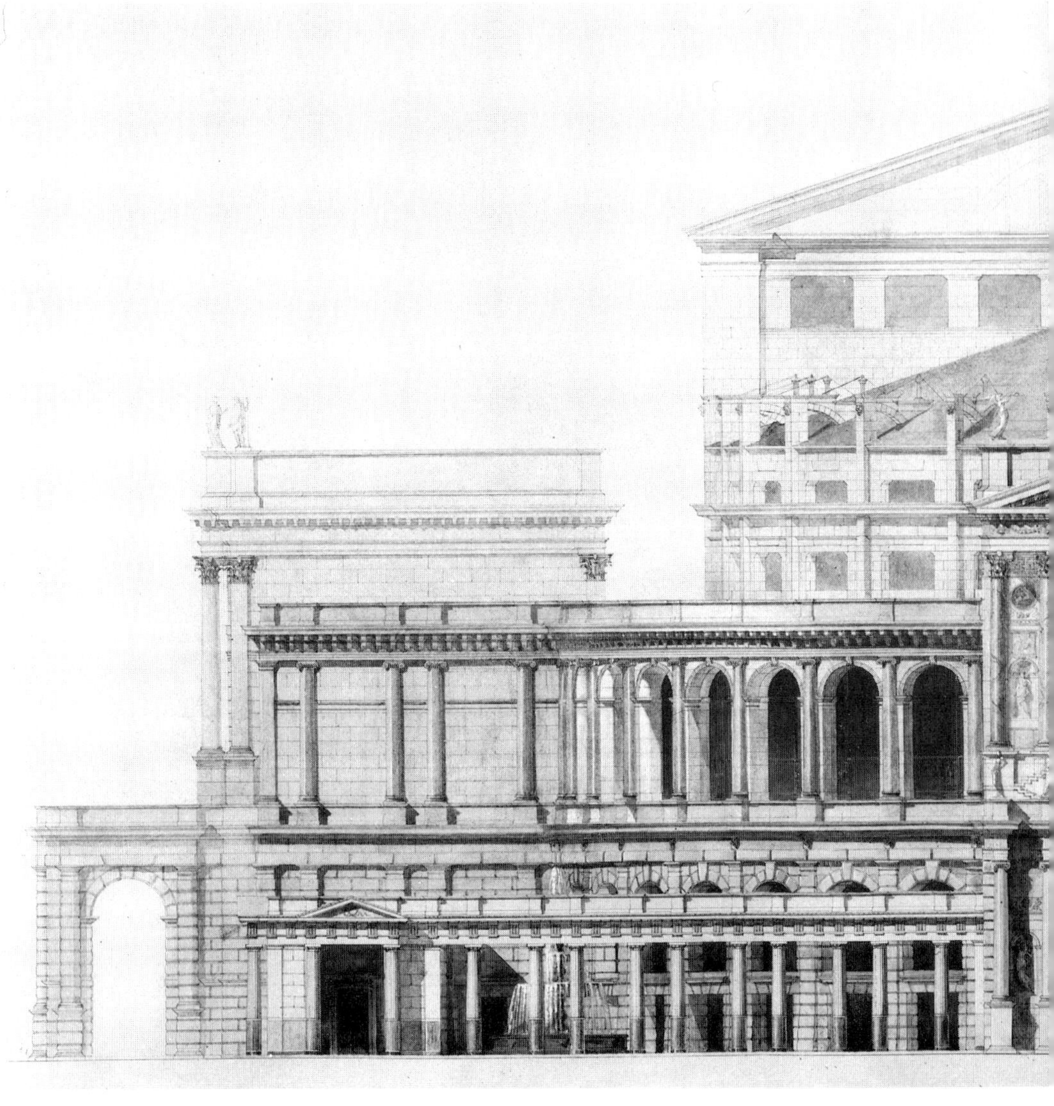

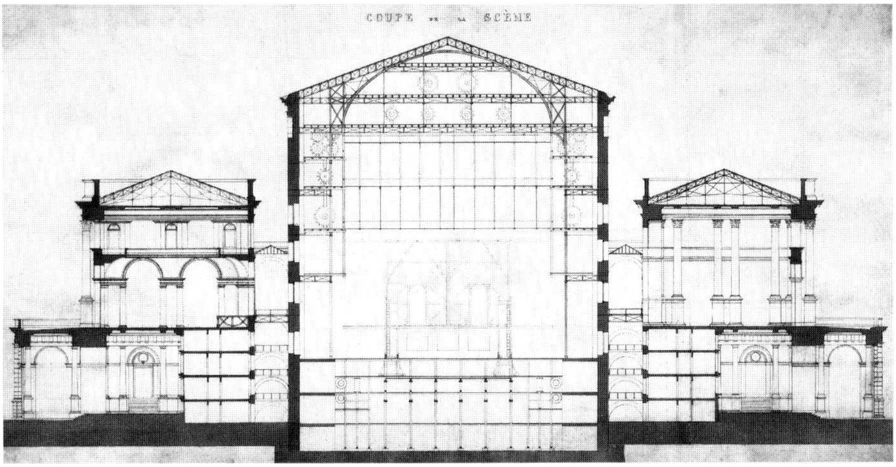
COUPE
SCÈNE

Die Entwürfe für ein «Demokratisches Theater», das die beiden Barrikadenkämpfer gegen die absolute Monarchie in Sachsen für den selbstbewußtesten der bayrischen Könige, Ludwig II., bauen wollten, blieben seit ihrer Entstehung Gegenstand sehr partikularer Darstellungen. Wagnerianer bezogen Stellung gegen bayrische Royalisten, Deutschnationale gegen Theaterwissenschaftler etc. Versucht man, sich aus diesen Diskussionen herauszuhalten und die beiden Entwurfskonvolute zu untersuchen, wie die Unterlagen anderer Werke auch, drängen sich zwei wichtige Feststellungen auf: Der Anteil Sempers an der Urheberschaft der Konzeption des Großen Festspielhauses muß weit größer gewesen sein, als «Wagnerianer» aufgrund von Wagners Selbstbiographie zugestehen möchten, und die architektonische Formulierung des doppelten Proszeniums, das die Bühne von der Architektur des Zuschauerraums trennt, kann allein Sempers Werk sein. Seine Entstehung kann auf den Zeichnungen in der Technischen Universität München nachvollzogen werden.

Doch zunächst die Fakten der Tragödie um den Bauauftrag. Am 13. Dezember 1864 «bestellt» Wagner in einem Brief an Semper zwei Projekte für ein Festspielhaus in München, für ein «Kleines Festspielhaus», das im Quertrakt des Glaspalastes im Englischen Garten eingerichtet werden soll, und das «Große Festspielhaus», ein selbständiges Gebäude. Wagner schreibt offenbar im Auftrag des Königs, der, damals 19jährig, seit dem 10. März 1864 regiert. Semper fährt darauf nach München (27. Dezember 1864 bis 3. Januar 1865) und wird am 29. Dezember von Ludwig II. in Audienz empfangen.

Brieflich bestürmt Wagner Semper am 12. Januar 1865, die Planung des Großen Hauses zu beschleunigen; am 13. Februar 1865 soll das Kleine Haus vorgezogen werden: Semper erhält Bauunterlagen des Glaspalastes. Im März und April 1865 kommen Semper konkrete Warnungen zu, so vom Sekretär des Königs, vor einer Opposition gegen das Vorhaben, unter anderem durch die Königin-Mutter; falls überhaupt, werde nur das Kleine Haus gebaut.

Am 15. Mai 1865 werden dem König die ersten Entwürfe für das Kleine Haus vorgelegt. Ende Juli bittet der Sekretär des Königs um Zeichnungen und Kostenvoranschlag für das Große Haus. Semper liefert am 5. September einen Kostenvoranschlag auf der Basis des Theaters für Rio. Nun bestürmt Wagner den König, nicht nur Pläne, sondern auch Modelle für die beiden Festspielhäuser anfertigen zu lassen. Am 30. November sendet Semper die «Hauptpläne» zum Kleinen Haus an Wagner nach München ab. Der Widerstand gegen Wagner wird so groß, daß er am 10. Dezember München verlassen muß. Seine Frau Cosima bleibt in München. Der Sekretär des Königs meldet Semper am 16. Dezember 1865, daß sich an den Bauabsichten Ludwigs nichts geändert habe.

Doch schon am 15. Januar 1866, in einem Brief an Wagner, scheint Ludwig die Hoffnung für den Theaterbau aufgegeben zu haben: «Schmerzlich, daß das [große Haus] nie gebaut wird.» Am 15. Februar läßt Cosima Wagner dem König Zeichnungen und Modell des Kleinen Hauses zukommen. Im März schreibt Semper einem Kollegen, daß die Arbeiten am Großen Haus schwierig seien, aber vorankämen. Am 28. Mai läßt Semper bei Frau Wesendonck anfragen, ob Wagner die fertigen Pläne zum Großen Haus sehen wolle. Diese gehen Ende Juni 1866 nach München.

Am Neujahrstag 1867 sieht Wagner im Hauptgebäude des Polytechnikums in Zürich das dort aufgestellte fertige Modell des Großen Hauses. Am 11. Januar 1867, der König ist nun 22jährig, erklärt Semper ihm in München das Projekt zum Großen Haus anhand von Plänen

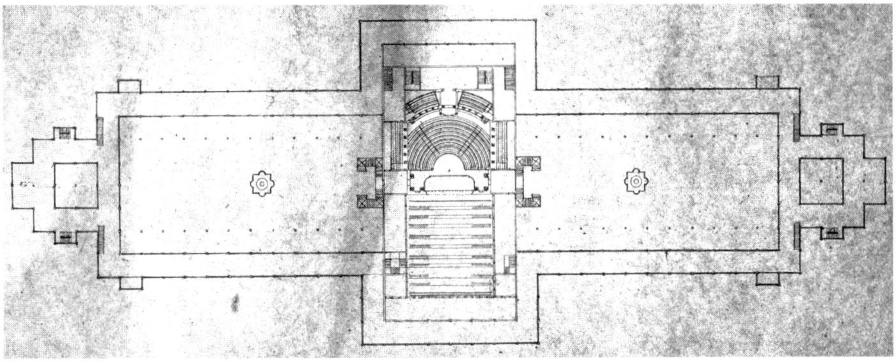

Das Theater im Glaspalast, Grundriß als «Odeon»: die Flügel des Glaspalastes dienen als «Feststiegen»; Tusche.

Schnitt durch das Theater im Glaspalast, Blick in den Zuschauerraum; Tusche, bezeichnet «Gottfried Semper».

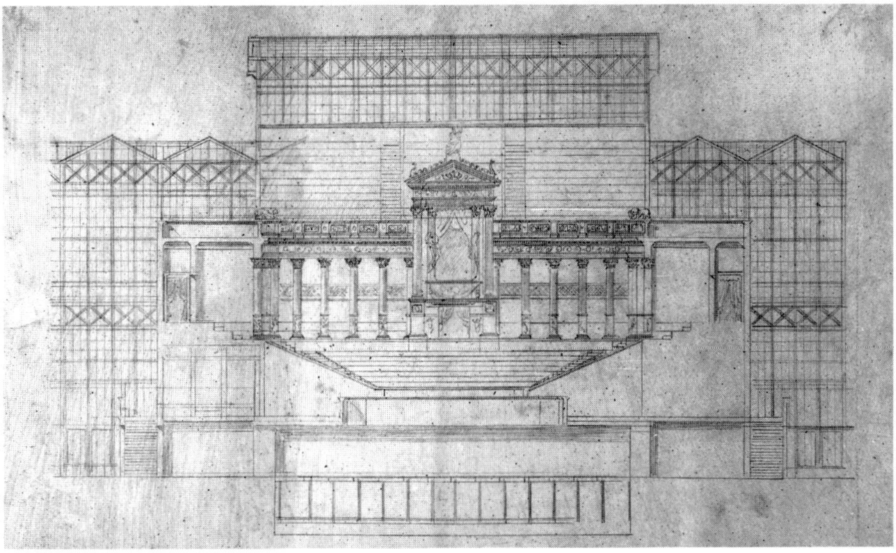

Längsschnitt durch das Theater im Glaspalast; Tusche, bezeichnet «Gottfried Semper».

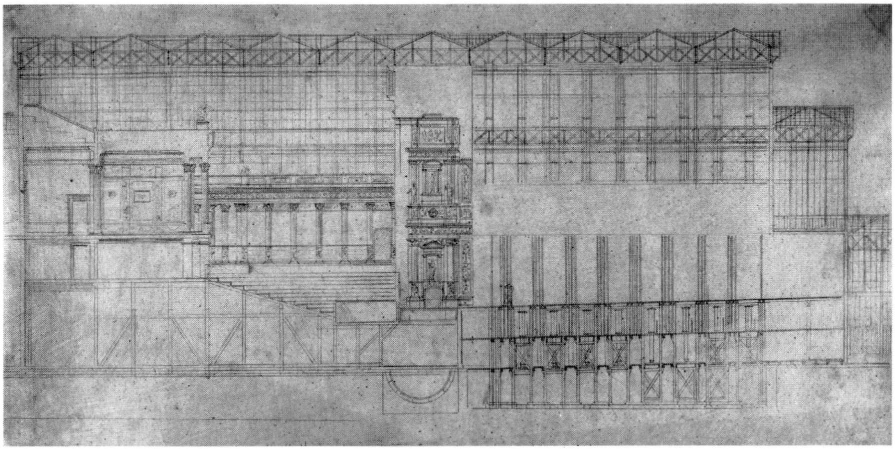

und Modell. Ludwig erteilt Semper per Handschlag (der im Bauwesen übliche Vertragsabschluß) den Bauauftrag. Möglicherweise ist sich der König über den Grad der Verbindlichkeit dieser Form der Auftragserteilung im Bauwesen nicht im klaren.

Ludwig verlobt sich am 22. Januar 1867 mit der Schwester der Kaiserin «Sissi» von Österreich, seiner Cousine. Die Verlobung wird am 10. Oktober 1867 wieder gelöst. Und am 19. Oktober kündigt der König in einem Brief Wagner an, daß der Bau des Großen Hauses wegen der Opposition in der Bevölkerung verschoben werden müsse. Am 8. Dezember 1867 soll Kabinettschef von Düfflipp in einem Brief Semper die Ernennung zum Oberbaurat mit Sitz in München angeboten haben. Dieser Brief kommt nie an. Es werden auch keine Duplikate ausgefertigt, obwohl sich Cosima Wagner vehement – auch beim König – dafür einsetzt. Nun glaubt auch Semper nicht mehr an die Realisierbarkeit der Vorhaben und beauftragt am 16. Januar 1868 den Münchner Rechtsanwalt Schauss mit der Wahrung seiner Rechte und der Eintreibung seiner noch ausstehenden Honorarforderung an den König von 37 305 Gulden. Die von der Kabinettskasse anerkannten 30 543 Gulden werden schließlich am 20. Januar 1869 ausbezahlt.

Situation der ersten Idee: Das Projekt für Rio neben dem Maximilianeum in München; Tusche, aquarelliert.

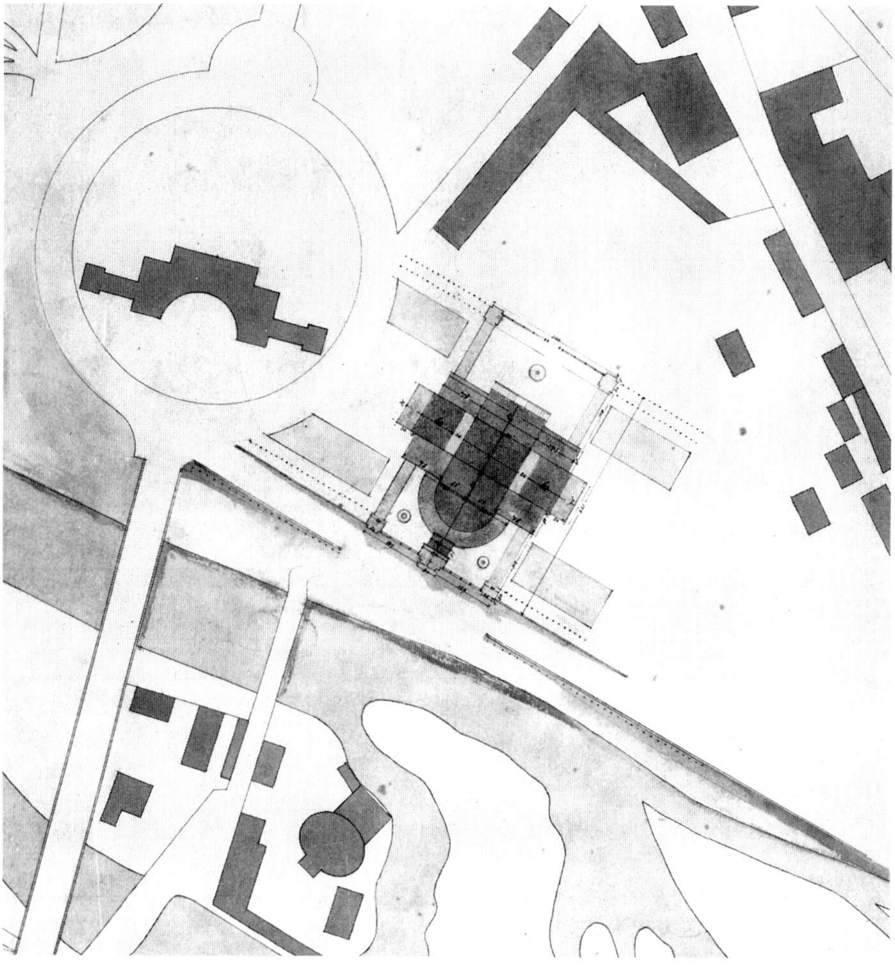

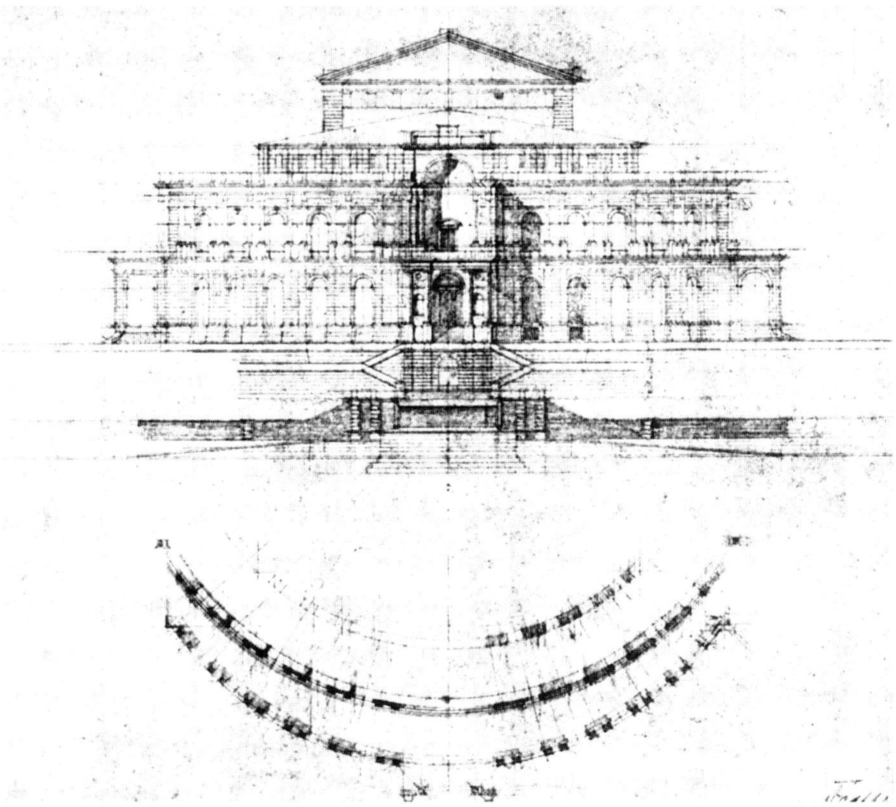

Fassadenaufriß eines «Großen Hauses» ohne Seitenflügel; Bleistift.

Grundriß dieser Variante; Tusche, bezeichnet «GSemper 1866».

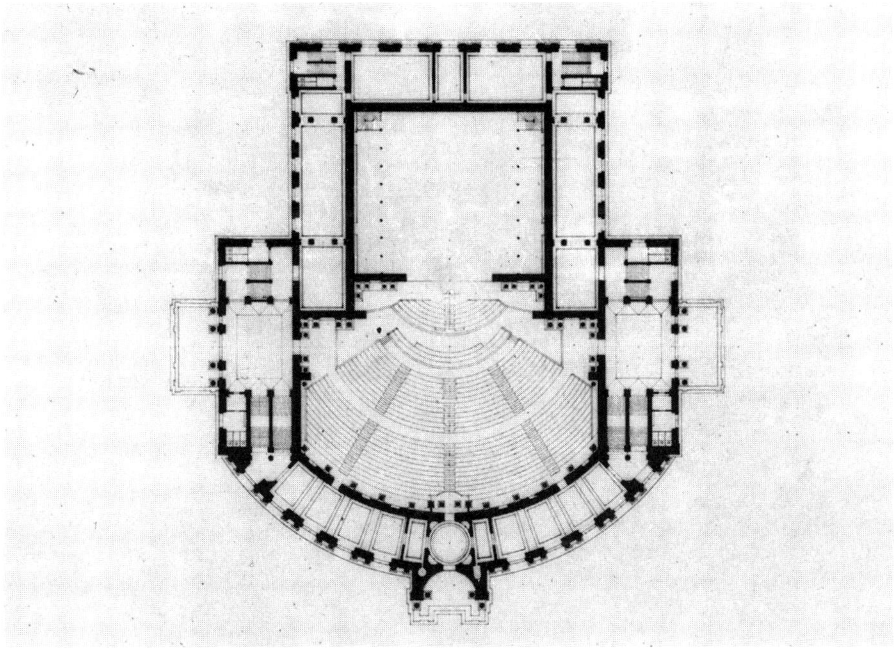

Die ganze unglückliche Geschichte traf Semper natürlich tief. Er hoffte mit dem Bau des Großen Hauses aus der Enge seiner Zürcher Verhältnisse ausbrechen zu können. Am 12. Januar 1869 erhielt er die Einladung zur Begutachtung der damals vorliegenden Projekte für die Erweiterungsbauten der Wiener Hofburg . . .

Während der Projektierung war aber ein Architekturgedanke von großer Tragweite entstanden: Wagners Forderung, alle Konzentration der Zuschauer auf Musik und Bühne zu lenken und «Theater» nicht länger nur als Anlaß gesellschaftlichen Auftretens zu sehen, ließ Semper den Prototyp des späteren Kino-Zuschauerraumes schaffen – längst bevor es Kinofilme gab. Darüber hinaus wurde der Theaterbau durch die Breitenentwicklung der Treppenhausarme, der Feststiegen, als «normaler» Palast städtebaulich integrierbar, wie dies später dann das Wiener Burgtheater deutlich zeigte. Aus dem Musen*tempel* war durch Semper ein Kultur*palast* geworden.

Aufnahme des Modells des Großen Hauses in eine Parkumgebung hinein retuschiert.

Modell des Großen Hauses: Einblick in das «Demokratische Theater».

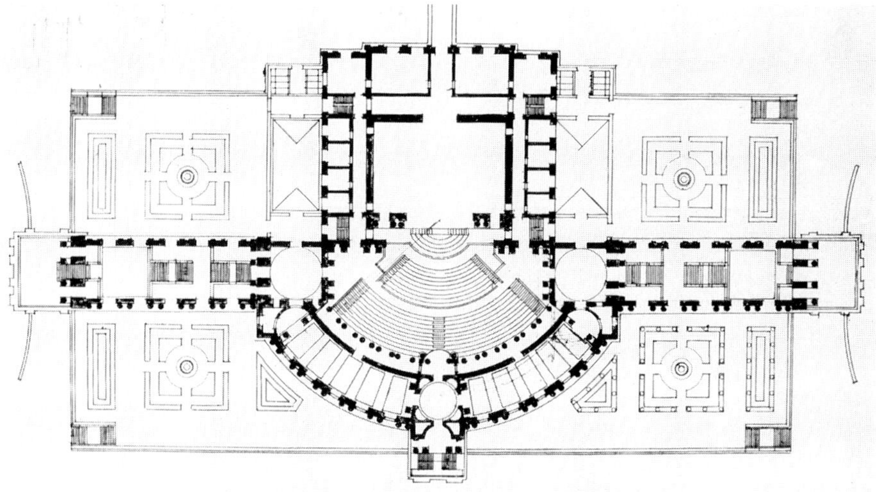

Großes Haus, Grundriß einer Variante; Tusche.

Großes Haus, Längsschnitt; Tusche.

1870–1878 Zweites Hoftheater in Dresden

Nach dem Brand des Hoftheaters am 21. September 1869 und einer anschließenden Debatte, ob dem ehemaligen Barrikadenkämpfer Semper überhaupt ein weiterer Auftrag erteilt werden könne, erhielt Semper schließlich diesen Auftrag, den der Sächsische Landtag befürwortet hatte, am 6. Februar 1870.

Semper sandte noch von Zürich aus ein erstes Projekt nach Dresden, das am 18. Mai 1870 begutachtet wurde. Am 10. September ging ein zweites Projekt nach Dresden ab. Am 17. Februar 1871 wurde unter der Bauleitung von Manfred, Sempers ältestem Sohn, mit den Arbeiten begonnen. Die Grundsteinlegung fand am 26. April 1871 statt, die Eröffnung mit Goethes «Iphigenie» am 2. Februar 1878. Semper selber konnte aus gesundheitlichen Gründen nicht daran teilnehmen und mußte in Venedig bleiben.

Ein 1939 begonnener Erweiterungsbau von Wilhelm Kreis kam nicht über die Sockelzone hinaus. Das Opernhaus wurde am 13. Februar 1945 von Brandbomben getroffen. Nach dem Krieg konnte die Brandruine gesichert werden. Am 1. Oktober 1976 begann der Wiederaufbau. Die Eröffnungsvorstellung mit Webers «Freischütz» fand am 13. Februar 1985 statt – vierzig Jahre nach der Zerstörung.

Folgende Doppelseite: Aufnahme vom Theaterplatz her, vor Beginn der Restaurierung.
Unten: Flugaufnahme des Dresdner Theaterplatzes mit Opernhaus und Gemäldegalerie vor der Zerstörung 1945.

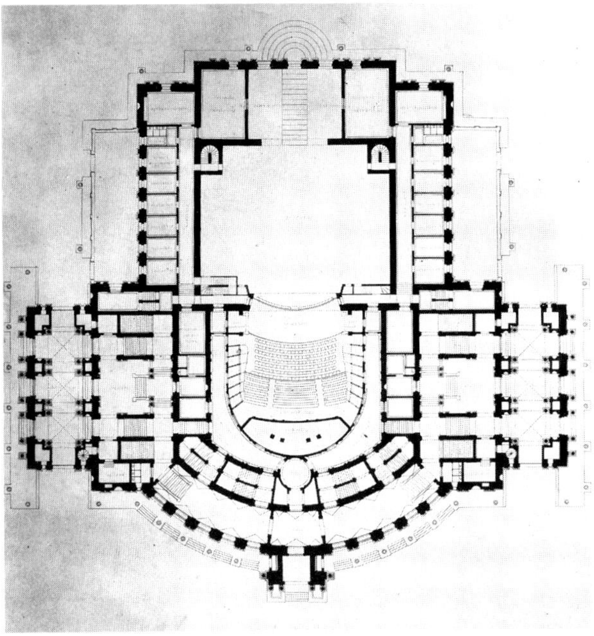

Grundriß des Erdgeschosses;
Tusche.

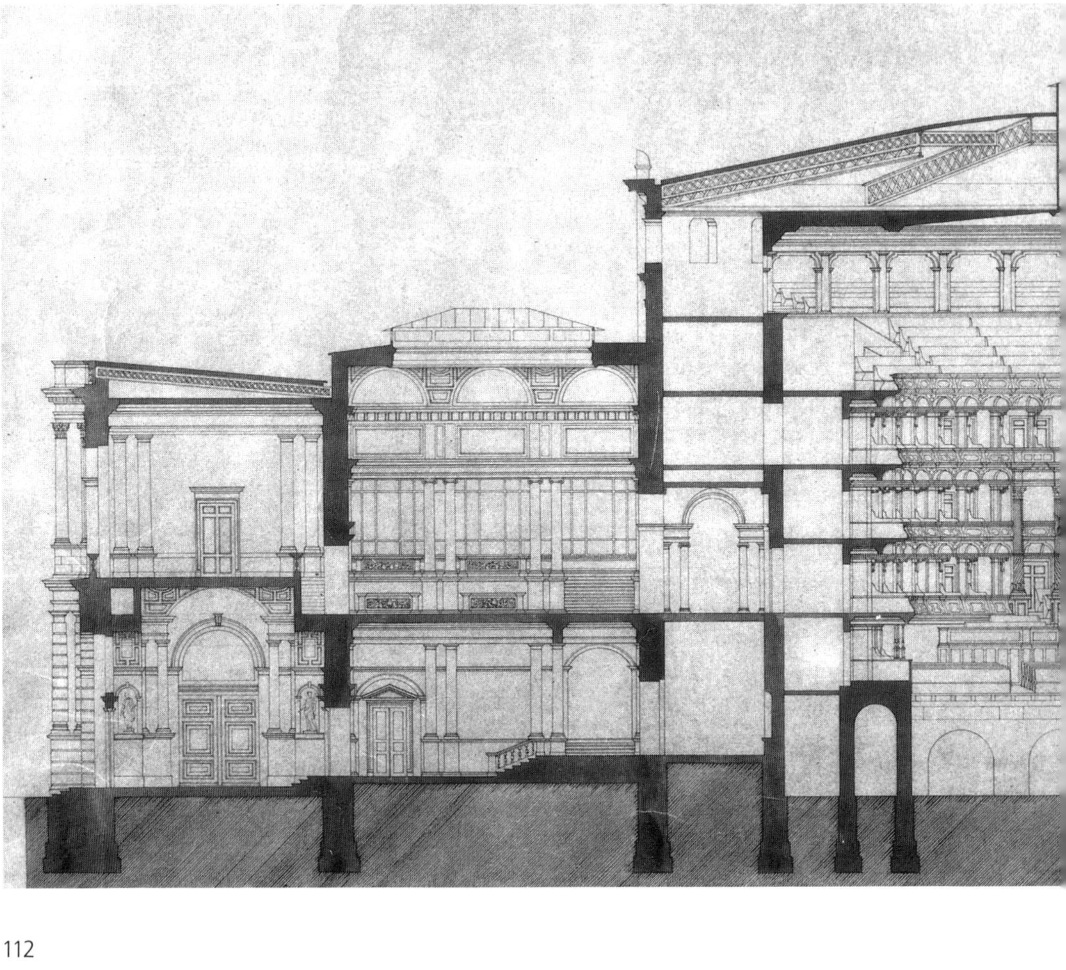

Die Rekonstruktion des Zuschauerraums entfiel 1976–1985 nicht originalgetreu. Der formale Gegensatz zwischen der Raumhülle des «Demokratischen Theaters» und den darin eingebauten höfischen Logenrängen wurde unterdrückt und damit dem Raum seine architektonische Spannung genommen.

Das Dresdner Opernhaus kann als Sempers «Schwanengesang» gelten. Er versetzte das neue Opernhaus kräftig vom Standort des alten weg, so daß es zusammen mit der Gemäldegalerie zwei harmonische Platzwände abgab. Die Situation erlaubte keine Feststiegenflügel, die Platzdimensionen aber die Realisierung der für Rio und München vorgeschlagenen Exedra, durch welche der Bau einen axialen Bezug zum Residenzschloß aufnimmt.

Folgende Doppelseite: Decke des Zuschauerraums, Untersicht; Tusche, aquarelliert, bezeichnet «Gottfried Semper 1874».
Unten: Querschnitt mit Blick in den Zuschauerraum, Vorprojekt mit Sälen über den Zufahrten; Tusche.

1872–1876 Burgtheater in Wien

Im Verlaufe der Hofburgplanungen wurde der Bau des Burgtheaters immer selbständiger, obwohl alle Arbeiten von einem am 6. Mai 1871 ernannten Hof-Baukomitee überwacht wurden. Die Zeichnungen für das Ausführungsprojekt entstanden zwischen Februar und Juni 1872. Allerdings fand der erste Spatenstich erst am 16. Dezember 1874 statt. Von dieser Zeit an verkehrten Semper und Hasenauer nur noch schriftlich miteinander. Am 24. März 1876 erhielt Semper die Ernennung zum Mitglied des Hof-Baukomitees und legte damit die aktive Mitarbeit in der Bauleitung nieder.

Hasenauer nahm nachher noch schwerwiegende Änderungen am Projekt vor, besonders im Bereich des Zuschauerraums. Semper protestierte – erfolglos – dagegen, weil er unangenehme Folgen für die Akustik des Raumes befürchtete. Am 14. Oktober 1888 wurde «die Burg» mit Grillparzers «Esther» und Schillers «Wallensteins Lager» eröffnet. Am 4. Januar 1894 verstarb auch Hasenauer. 1897 wurde der Zuschauerraum aus akustischen Gründen umgebaut. Das Theater wurde im Zweiten Weltkrieg bombardiert; mit einem neuen Zuschauerraum konnte es 1956 wieder eröffnet werden.

Über die Planung im Maßstab 1 : 100 hinaus dürfte Sempers Anteil in der Detailgestaltung recht gering sein. Die Gesamtkonzeption weist «die Burg» aber dennoch als ein bedeutendes Werk Sempers aus.

Eine Feststiege vom Eingang des Zuschauerraums aus gesehen.

Burg

Das 19. Jahrhundert war eine burgenfreudige Zeit: Bau von Schloß Neuschwanstein, Schloß Castell im Thurgau, Ausbau der Residenz Schwerin, von Windsor-Castle und Château Pierrefonds, Wiederaufbau der Wartburg, Ausbau des Schlosses Habsburg im Aargau sind nur einige wenige Beispiele dafür.

Burgen besaßen nicht nur romantische Aspekte, sie waren ja als Wohnungen hoher Herrschaften bekannt, die gewohnt waren, ihren Besitz zu verteidigen. Burgen – Höhenburgen zumal – wurden ihrer topographischen Lage angepaßt. Dieser Zwang verhinderte die Klarstellung der inneren Strukturen. Wo vielfältige Funktionen in komplizierten Beziehungen organisiert werden mußten, lieferte der Bautyp der Burg das Bezugssystem. Dabei kamen nicht immer Bauformen des Mittelalters zur Anwendung.

Doppelwohnhaus an der Moussonstraße in Zürich.

Brauerei Feldschlößchen bei Rheinfelden (Aargau).

Hotel Waldhaus Dolder in Zürich.

Residenzschloß in Schwerin.

1842 Projekt für das Rathaus in Hamburg

Vom 5. bis 8. Mai 1842 brannte das Stadtzentrum von Hamburg vollständig aus. Noch im selben Jahr entstanden eine Fülle von Projekten zum Wiederaufbau. Diejenigen Sempers zeichneten sich dadurch aus, daß sie das neue Rathaus näher an die Binnenalster heranrükken wollten als das alte. Der burgähnliche Charakter dieses Projekts sollte die mittelalterliche Stadttradition Hamburgs unterstreichen und mit seinen Türmen an den Campanile der Rathäuser in den Stadtrepubliken Florenz und Siena erinnern. Ein anderer Entwurf zeigt Zitate des Markusplatzes in Venedig zusammen mit solchen der Signoria in Florenz.

Ansicht des Rathauses von der Binnenalster aus; Bleistift, bezeichnet: «G. Semper 1842».

1843–1845 Wiederaufbau des Rathauses in Oschatz (Sachsen)

Auch das Rathaus in Oschatz aus der Zeit der Renaissance brannte 1842 aus. Semper lieferte die Pläne für den Wiederaufbau des Äußeren in den Jahren 1843–1845. Diese Arbeit Sempers kann auch seinem denkmalpflegerischen Schaffen zugerechnet werden, wozu er besonders während seiner Dresdner Jahre mehrfache Gelegenheit fand.

Aufnahme des Rathauses in Oschatz, um 1900.

1843/44 Projekt für die Erweiterung des Residenzschlosses in Schwerin

Semper legte dem Großherzog von Mecklenburg sein architektonisches Gutachten für den Ausbau der Mecklenburger Stammburg am 23. Dezember 1843 vor. Semper beabsichtigte, das Schloß zu einem unregelmäßigen Fünfeck auszubauen. Zwischen die alten Flügel sollten neue gebaut werden, die die Fest- und Repräsentationsräume enthalten hätten. Rundtürme

Ansicht des Schlosses von Süden; Bleistiftzeichnung, bezeichnet «G Semper fec. 1843».

sollten die Ecken besetzen und die Vertikalverbindungen aufnehmen. Um die Neubauten zwischen den mittelalterlichen Altbauten herauszuheben, wählte Semper für die Neubauten den jüngeren Formkodex der französischen Renaissance und schuf damit eine Verbindung zu den Wasserschlössern an der Loire. Den Ausbau des Schlosses besorgten 1844–1857 Adolf Demmler und Friedrich August Stüler.

1857 Projekt für das Rathaus in Zürich

Im Zusammenhang mit einem Wettbewerb für die Neuüberbauung des Kratz, der Gegend zwischen Fraumünster und See, schlug Semper ein neues Rathaus für Zürich vor. Dabei wollte er den Baugarten, ein Stück der barocken Stadtbefestigung und späterer Lieblingsbiergarten der Zürcher, sowie den Baugartenturm, einen der Türme des mittelalterlichen

Ansicht des Rathauses von der Limmat aus; Bleistift und Pinsel.

Mauerrings, in den Rathauskomplex miteinbeziehen. Das Projekt (von dem nur diese Ansicht erhalten ist) zeigt, daß beim Rathaus einer alten Freien Reichsstadt wie Zürich die geschichtliche Tradition auch architektonisch wichtiger ist, als eine weithin sichtbare Form seiner inneren Organisation. Semper erreichte dies durch die asymmetrische Einbindung des historischen Turmstumpfs. 1861 wird er beim Kirchturm in Affoltern am Albis zu ähnlichen Gestaltungsmitteln greifen.

1862–1864 Eidgenössische Sternwarte in Zürich

Die Sternwarte an der Schmelzbergstraße, heute fast unsichtbar zwischen hohen Hochschul- und Spitalbauten, dürfte Sempers am originalsten erhaltenes architektonisches Werk sein. Alle andern sind entweder nicht durch ihn selber gebaut oder später nachhaltig verändert worden. Bei der Sternwarte halten sich solche Eingriffe in Grenzen. Das Observatorium wurde während der Bauzeit des Polytechnikums, aber von dessen Bauorganisation unabhängig und durch Semper selber als Bauleiter 1862–1864 errichtet.

Semper konzipierte den Bau als Gruppe von drei in ihrer Grundfläche gleichen, in ihrer Höhe unterschiedlichen Baukörpern von einem, zwei und drei Stockwerken, die vom viergeschossigen Observatorium, das die Treppe enthält, dominiert wird. Die Anlage ist genau nach den Himmelsrichtungen ausgerichtet. Das ist für die Erforschung der Bewegung der Erdachse im Meridiansaal wichtig.

Ansicht der Sternwarte von Nordwesten; Zeichnung Sempers, Bleistift, Pinsel.

Die Zuordnung der Sternwarte zum Bautyp Burg mag überraschend erscheinen. «Burg» bedeutet jedoch nicht zwingend «mittelalterlich», was den Bauschmuck betrifft. Viele Bauten, die sich mittelalterlich geben – das Wiener Rathaus zum Beispiel –, können durchaus nicht dem Bautyp Burg zugeordnet werden: Die Wahl des Formkodex und die Wahl des Bautyps sind voneinander unabhängig. Die Sternwarte entspricht der Definition des Bautyps Burg als eines Baukörpers mit minimalem Außenbezug und nicht nachvollziehbarer innern Organisation.

Grundriß des Erdgeschosses; Tusche.

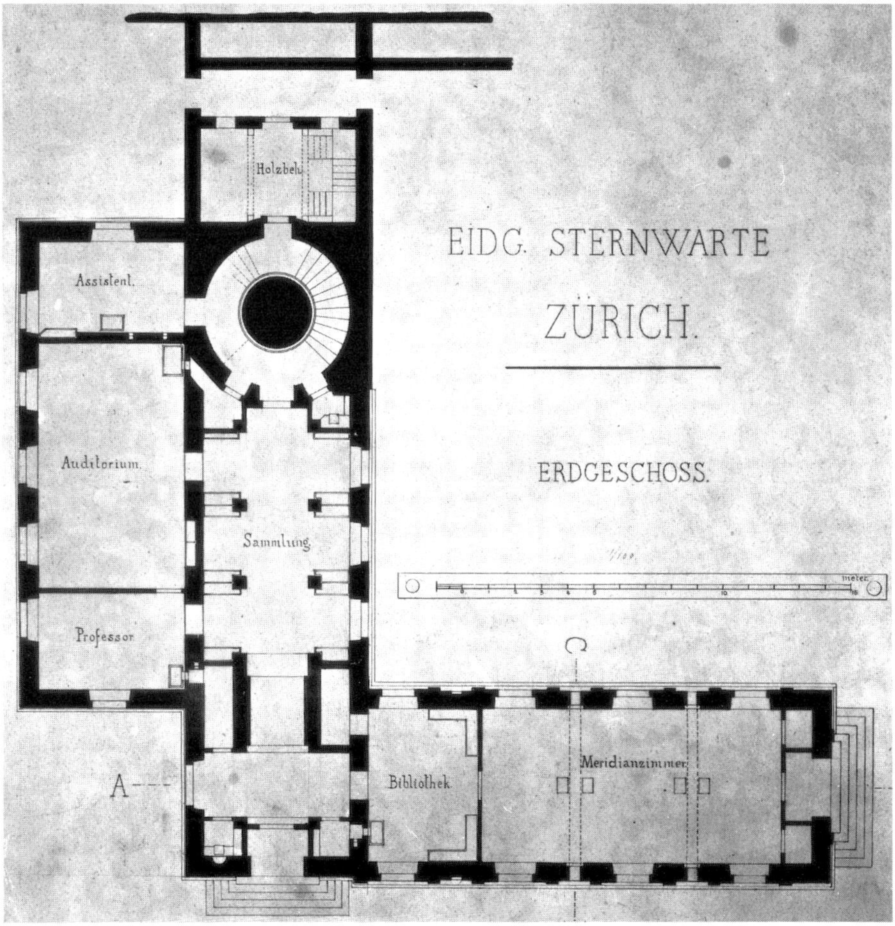

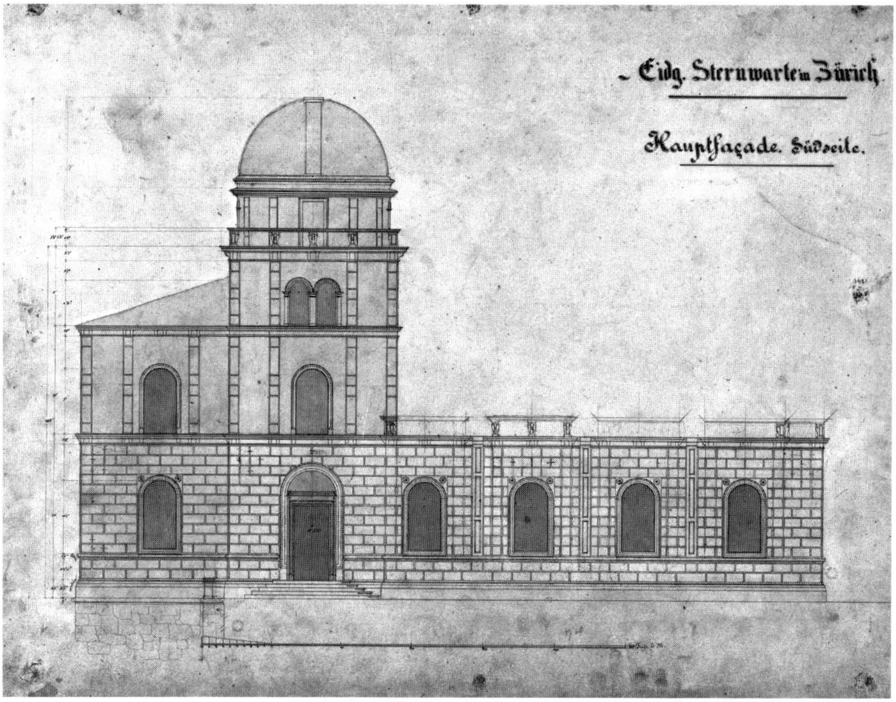

Aufriß der Südfassade; Tusche, Pinsel.

Schnitt West-Ost durch den Meridiansaal.

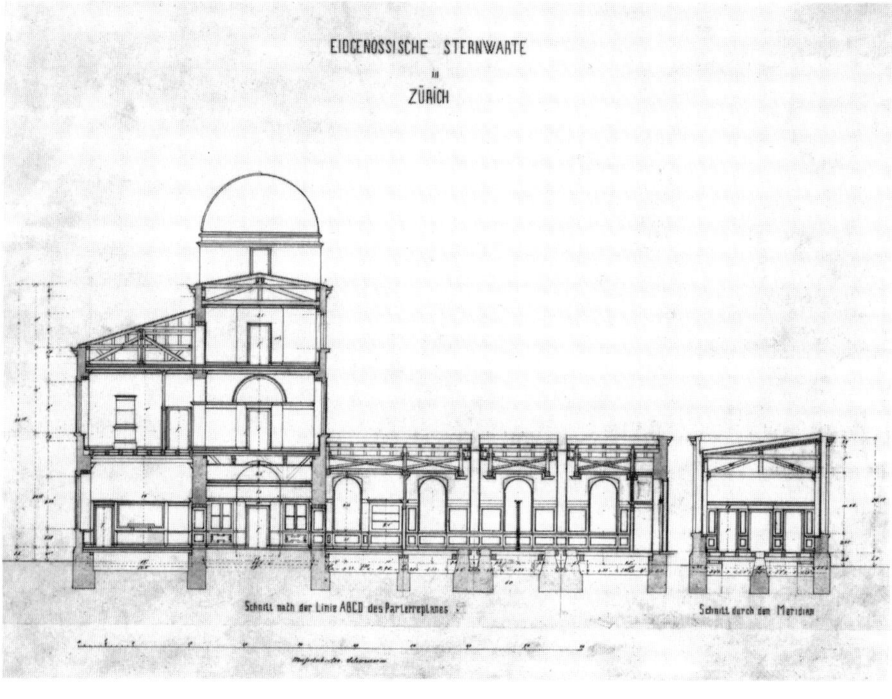

Foto von Westen; im Hintergrund das ehemalige Physikgebäude der ETHZ von A. F. Bluntschli; Aufnahme um 1895.

Foto von Osten; gut sichtbar die Sgraffitomalereien am Tambour der Observatoriumskuppel; Aufnahme um 1880.

Sempers eigenhändiger Entwurf in wahrer Größe zu einem Teil der Sgraffitodekoration der Sternwarte; signiert, Tusche, Pinsel.

Kirche

Die wohl traditionsreichste europäische Bauaufgabe ist kaum bauorganisatorischen Bedingungen unterworfen. Die Kirche wird zur Kirche durch ihren Turm. Sein räumlicher Bezug zum eigentlichen Gottesdienstraum ist nicht festgelegt.

Die Architekten des 19. Jahrhunderts empfanden diese Unbestimmtheit offenbar als hinderlich. Sie lieferten sich, oft in enger Zusammenarbeit mit Theologen, eigentliche Gesinnungskämpfe. Schon die Schrift Heinrich Hübschs «In welchem Style sollen wir bauen?» (1828) behandelte fast ausschließlich Kirchenbauten. Die Auseinandersetzungen erreichten mit dem Kampf um den Stil der neuen Nikolai-Kirche in Hamburg einen ersten Höhepunkt und wurden mit der Entwicklung des deutschen protestantischen Kirchenraums am Jahrhundertende ad absurdum geführt: Liturgische Traditionen und nicht architektonische Bedingungen definierten die Bauaufgabe, die dennoch alle Voraussetzungen eines eigentlichen Bautyps erfüllte.

Kirche Notre-Dame-de-Lorette in Paris.

Kirche in Puidoux (Waadt).

Der Dom in Berlin.

Elisabethenkirche in Basel.

1842–1845 Projekte für den Wiederaufbau der Nikolaikirche in Hamburg

Nach dem Stadtbrand von Hamburg im Mai 1842 ging Semper daran, Gedanken für den Wiederaufbau der Nikolaikirche zu entwickeln. Im Februar 1843 entstand der Plan, aus den Brandruinen der mittelalterlichen Stadtkirche und modernen Ergänzungen eine neue Kirche zu bauen. Die Ergänzungen hätten sich an die gotische Formensprache der Brandruine gehalten.

Aufriß der Südfassade des Entwurfs vom Februar 1843.

Die Kirchgemeinde schrieb indessen 1844 einen Wettbewerb für den Neubau der Kirche aus. Die neue Kirche sollte dreitausend Plätze bieten. Der Wiederaufbau der Brandruine hingegen wäre viel kleiner ausgefallen. Semper entwickelte deshalb einen großzügigen Zentralbau in Formen, die an romanische Architektur erinnern. Das Preisgericht verlieh ihm dafür einen ersten Preis. Die Kirchgemeinde lehnte seinen Entwurf jedoch ab und zog denjenigen von Gilbert Scott in gotischen Formen vor.

Grundriß desselben Entwurfs, schwarz sind die mittelalterlichen, grau die neuen Bauteile angelegt.

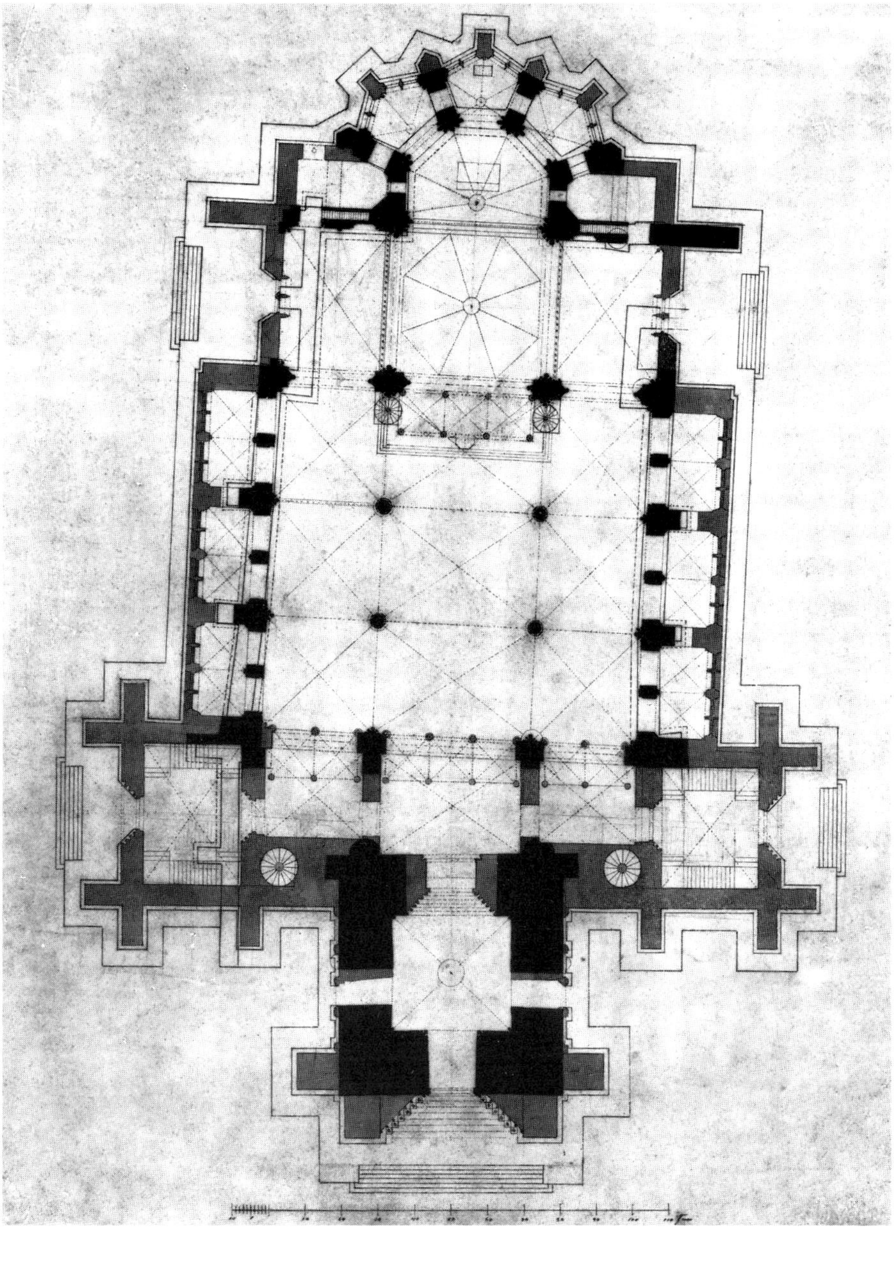

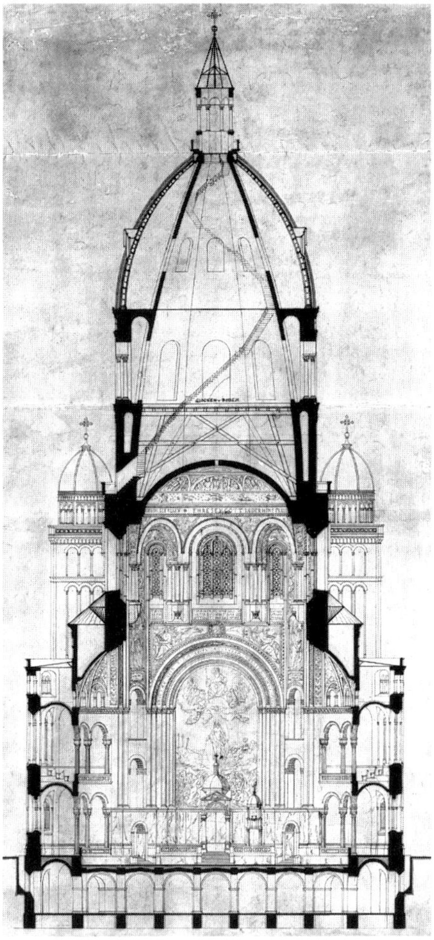

Westfassade des Wettbewerbsentwurfs von 1844. Querschnitt dazu.

Nun versuchte Semper die Einwände der Gemeinde aufzunehmen und sein Projekt in diesem Sinn zu korrigieren: Spitzhelme statt Kuppeln auf dem Zentralraum, ein Frontturm. Das Projekt erreichte Bauhöhen bis zu 438 Fuß (also rund 165 Meter – der 1890 vollendete Ulmer Münsterturm erreichte eine Höhe von 161 Meter). Als die Kirchgemeinde darauf beharrte, eine Kirche in gotischen Formen errichten zu lassen, verfaßte Semper über Neujahr 1845 einen gotischen Entwurf. Da dieser aber zu spät in Hamburg eintraf, entschied sich die Gemeinde für Scotts Projekt, das dann auch gebaut wurde.

Rechts: Grundriß des Wettbewerbsentwurfs von 1844.
Folgende Doppelseite: Längsschnitt dazu.

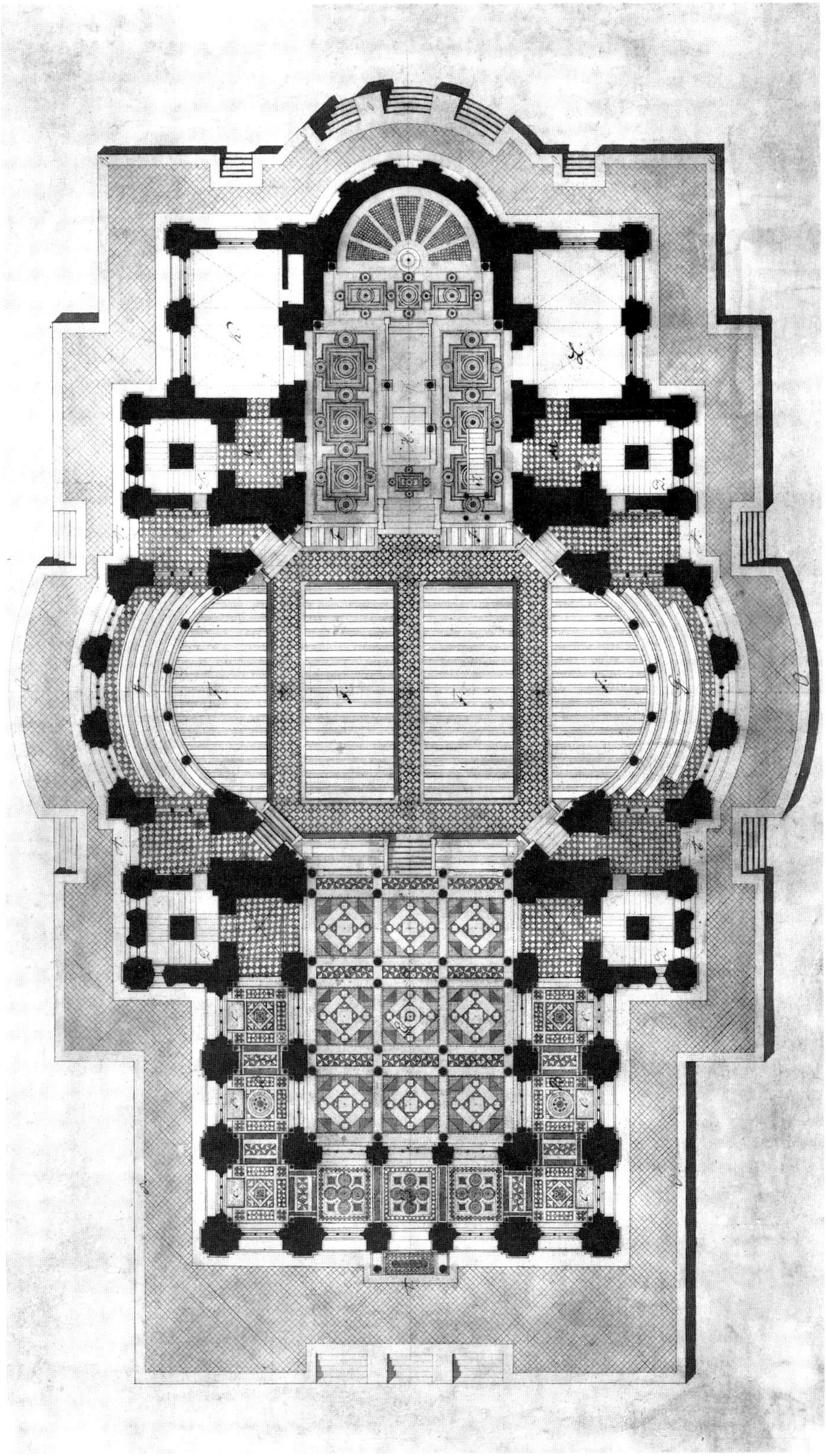

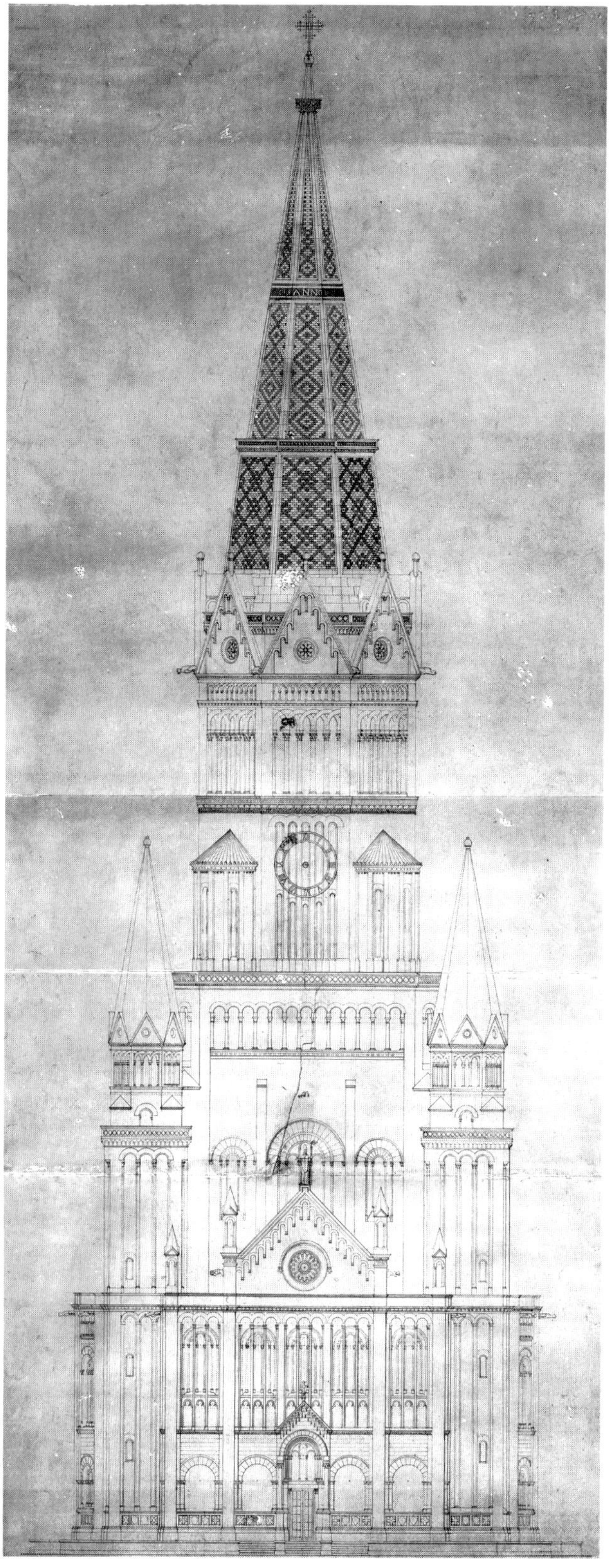

Fassadenaufriß mit Vierungsturm anstelle der Kuppel.

Fassadenaufriß einer zusätzlichen Variante mit Frontturm (438 Fuß oder rund 165 Meter).

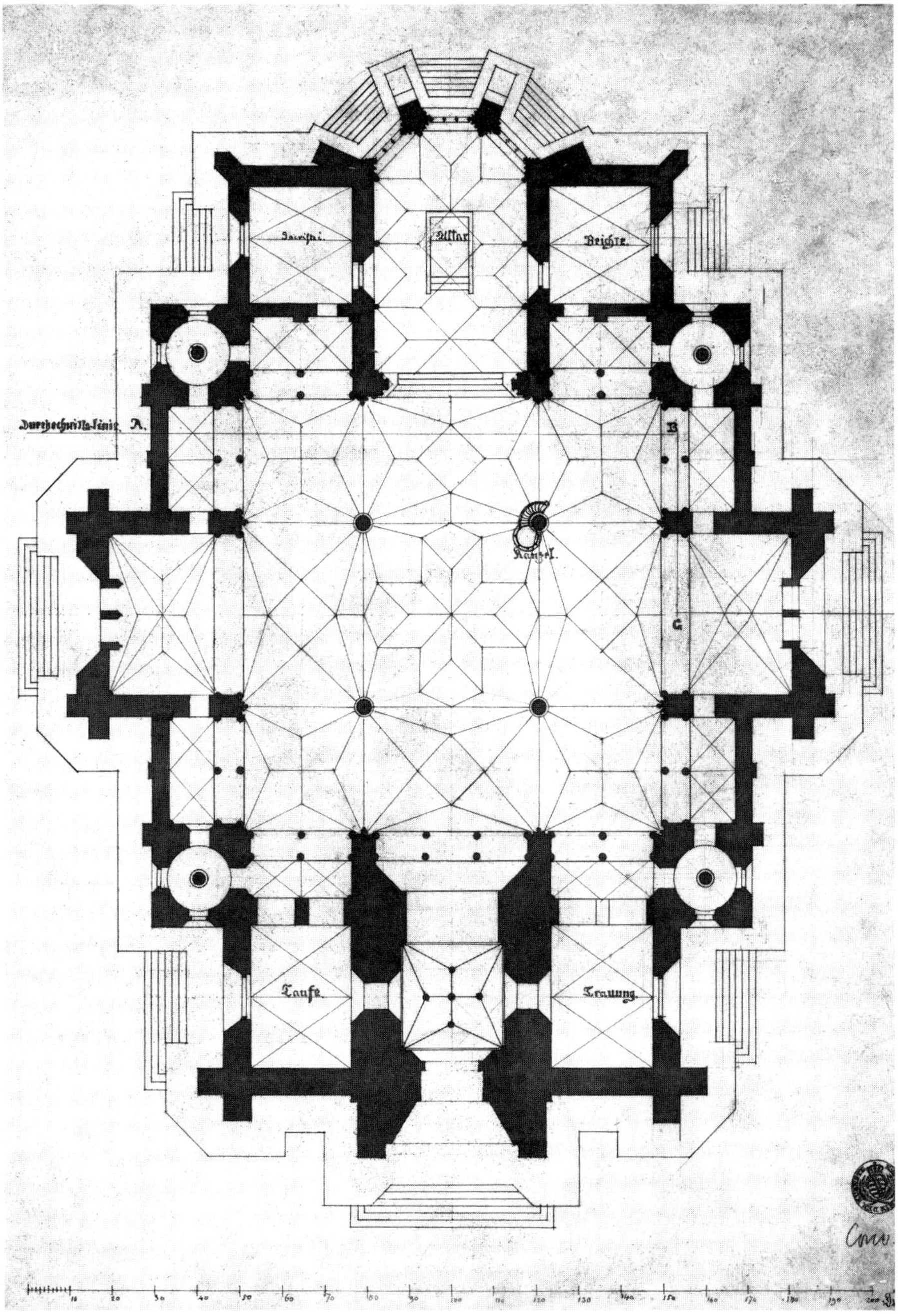

Linke Seite: Gotischer Entwurf vom Neujahr 1845, Westfassade, Kopie der (verschollenen) Originalzeichnung von Georg Lasius.
Oben: Grundriß dazu.

1838–1840 Synagoge in Dresden

Der Grundstein zur Dresdner Synagoge wurde am 21. Juni 1838 – nur ein Jahr nach der gesetzlichen Emanzipation der Juden in Sachsen – gelegt. Ihre Einweihung fand am 8. Mai 1840 statt. Mit der Idee des Zentralraums mit dreiseitig umlaufenden Emporen scheint Semper eine neue Konzeption der Synagoge, mindestens für den deutschen Sprachraum, geschaffen zu haben, die sich vom protestantischen Predigtraum – der sonst gelegentlich als Raumidee verwendet wurde – entfernte.

Die allein dominierende Kuppel verlieh der 1938 in der «Kristallnacht» zerstörten Synagoge einen tempelartigen Charakter, der sie deutlich vom christlichen Sakralbau abhob. Die später üblich gewordenen exotischen («maurischen», morgenländischen) Schmuckformen fehlten beinahe ganz.

Aufnahme von Südosten, um 1875.

1850 Entwurf zu einer Synagoge in Paris

Dank einer Empfehlung des Dresdner Bankiers Oppenheim, des Bauherrn der Villa Rosa und des Palais an der Bürgerwiese, wurde Semper 1849 zu einem Wettbewerb der jüdischen Gemeinde in Paris eingeladen. Das Projekt, das sich recht eng an das Konzept der Dresdner Synagoge und an die Entwürfe zur Nikolaikirche in Hamburg anlehnt, entstand in den Monaten März und April 1850 in Paris, als Semper sich dort während seines Exils aufhielt. Er hoffte sehr, dank dieses Projekts in Paris Fuß fassen zu können. Allein, das Bauvorhaben zerschlug sich. Die Synagoge im IX. Arrondissement wurde erst nach 1860 errichtet.

Perspektivkonstruktion der Eingangspartie; Bleistift und Tusche.

1862 Projekt für die katholische Kirche in Winterthur

1862 bestritten Semper und der Winterthurer Stadtbaumeister Wilhelm Bareis einen Wettbewerb um diesen Kirchenbau. Die Kirchgemeinde zog den Entwurf von Bareis in gotischen Formen und mit einer traditionellen Konzeption dem Semperschen Zentralbau mit angebautem Turm vor. Bareis konnte seine Kirche 1865/66 bauen. Aber Sempers Idee geriet besonders bei seinen Schülern nicht in Vergessenheit. A. F. Bluntschlis reformierte Kirche in Zürich-Enge (1892–94) ist sicher ein «Kind» dieser Konzeption.

Hauptfassade.

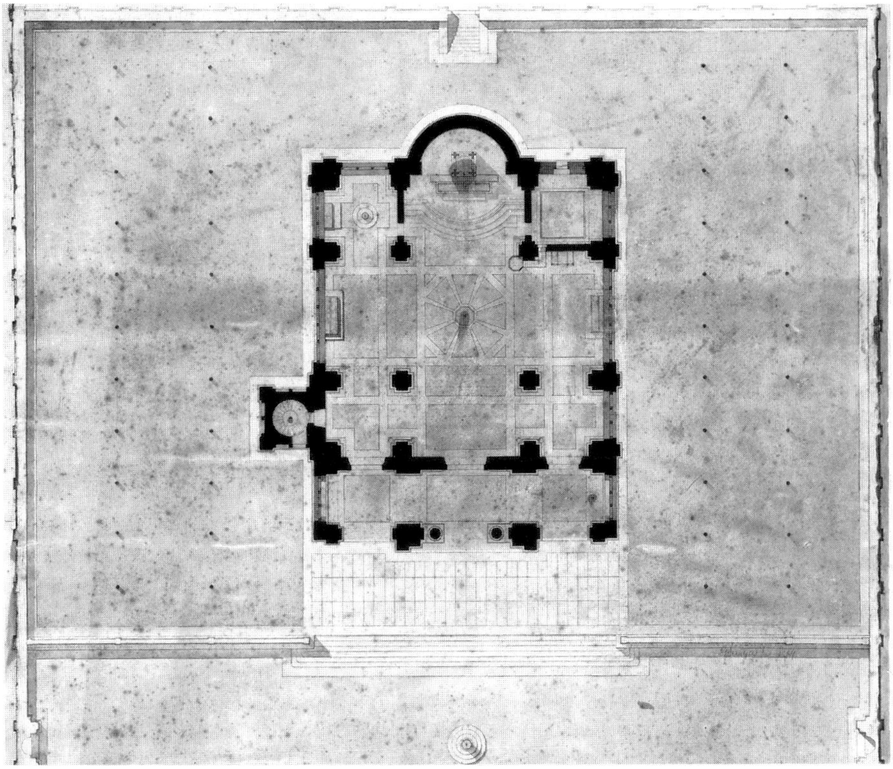

Grundriß.

Bluntschlis Kirche in Zürich-Enge.

1861 Kirchturm in Affoltern am Albis (Kanton Zürich)

Die spätmittelalterliche Kirche des Dorfes Affoltern, damals neu Bezirkshauptort geworden, steht am Abhang über dem Dorf. Der unscheinbare Turmhelm entsprach nicht mehr dem Schönheitssinn der Bürger des Bezirkshauptortes – zumal fast alle andern Bezirkshauptorte neue Kirchen erhalten hatten. Auf Wunsch der Gemeinde verfaßte Semper ein kleines Projekt für ein neues Glockengeschoß und einen repräsentativeren Turmhelm, der dem Dorf einen seiner Stufengiebel zukehrt. Für den Entwurf und seine Ausführung von 1861 erhielt Semper die Würde eines Ehrenbürgers der Gemeinde Affoltern am Albis. Er und seine Familie wurden damit Schweizer Bürger.

Der Turmaufsatz in Affoltern, so bescheiden er in seinen Dimensionen sein mag, ist nach Sempers in «Die vier Elemente der Baukunst» niedergelegter Theorie ein vollgültiges Stück Architektur, das aus allen Architekturelementen – aus steinernen (Mauerwerk, Gesimse, Gewände etc.), irdenen (engobierten Dachziegeln), hölzernen (Jalousien, Dachstuhl) und eisernen Teilen (Wetterfahnen, Dachgrat) – zusammengefügt ist. Das Motiv des Stufengiebels kommt in Sempers Werk mehrfach vor, so an den Fronttürmen der Synagoge in Dresden, an der Schule in Dresden-Blasewitz und am Fassadengiebel der Kirche in Kamenz.

Semper – ein der «Neorenaissance» Verpflichteter? Nein, einer, der Architekturformen nach dem Bedürfnis seiner Bauten einsetzt!

Aufnahme des Kirchturms.

Städtebau

Auch in seinen für das 19. Jahrhundert bedeutenden städtebaulichen Arbeiten benützte Semper die Zitate aus der Städtebaugeschichte nicht wahllos, sondern um Traditionen und Bezüge sichtbar werden zu lassen, die den jeweiligen Städten entsprachen.

Von all diesen Entwürfen ist nur der letzte, das Wiener Kaiserforum, und auch das nur teilweise, realisiert worden. Dennoch beeinflußten die Dresdner, Hamburger, Zürcher und Münchner Ideen Sempers die bauliche Entwicklung dieser Städte in hohem Maße. Darüber hinaus lieferte Semper das architektonische Grundlagenmaterial für die erste Stadtbautheorie in Europa nach derjenigen Durands von 1802: Camillo Sittes «Der Städtebau nach seinen künstlerischen Grundsätzen» von 1889. Das Jahrhundert, das wie keines vorher Städte baute, kam ohne entsprechende Theorie aus...

Ringstraße in Wien, der Platz zwischen Rathaus, Parlament, Burgtheater und Universität.

Bahnhofstraße in Zürich.

Quaibrücke und Quaianlagen in Luzern.

Champs-Elysées in Paris.

1839–1849 Entwürfe für das Zwingerforum in Dresden

Als Semper nach Dresden kam, besaß die königlich-sächsische Residenz noch keine «eigenen» Repräsentationsbauten. Noch steckte Dresden in der Hülle der königlich-polnischen Residenz des 18. Jahrhunderts mit der katholischen Hofkirche, dem Taschenbergpalais und dem unvollendeten Zwinger, dessen Kronentor mit polnischen Adlern und der polnischen Königskrone Augusts des Starken geschmückt war.

Nun entstanden in kurzer Folge die Bauten, die Dresden zur Haupt- und Residenzstadt des Königreichs Sachsen – das bis zu den napoleonischen Wirren lediglich Kurfürstentum gewesen war – ausschmückten: dem Denkmal des ersten Königs von Sachsen, Friedrich Augusts des Gerechten, folgte die Hofoper Sempers, die Orangerie und der Ausbau des Japanischen Palais.

Doch die berühmte Gemäldesammlung mit Raffaels Sixtinischer Madonna blieb immer noch ohne würdiges Galeriegebäude. Semper versuchte, in Konkurrenz zu eingesessenen Architekten, einen annehmbaren Entwurf vorzulegen. Er konnte sich offenbar diese Galerie an verschiedenen Standorten vorstellen. Ein Stadtplan aus Sempers Besitz zeigt diese – zum Teil sonst nicht weiter bearbeiteten – Möglichkeiten. Die ihm offenbar liebste Idee war, diese Galerie zur Vollendung des Zwingerhofs als ein zur Elbe hin offenes Forum zu verwenden. Darauf ausgerichtet war bereits der Standort des Opernhauses, das nach Sempers Vorstel-

Ansicht des Museumsbaus am Zwingerwall vom «Kulturboulevard» aus gesehen; Bleistift, Tusche.

Das Zwingerforum mit dem Kulissendepot als Verbindung zwischen Opernhaus und Zwinger; Bleistift.

lung durch das Kulissendepot und durch die Gemäldegalerie auf der andern Seite des Forums mit der offenen Seite des Zwingers verbunden werden sollte. Karl Friedrich Schinkels Hauptwache, die diesem Vorhaben im Wege stand, sollte deshalb abgetragen und an geeigneter Stelle wieder aufgebaut werden. Diese für das arme Sachsen an sich schon aufwendige Vorstellung wurde mit der Zeit noch überlagert von der Idee, das Elbeufer unterhalb der Steinernen Brücke zu einem «Kulturboulevard» auszubauen und einen großen Teil der königlichen Sammlungen in einem kuppelbekrönten Museumsbau hinter dem Wallpavillon des Zwingers unterzubringen.

Grundriß aller Ideen rund um das Zwingerforum; Försters Allgemeine Bauzeitung 1844.

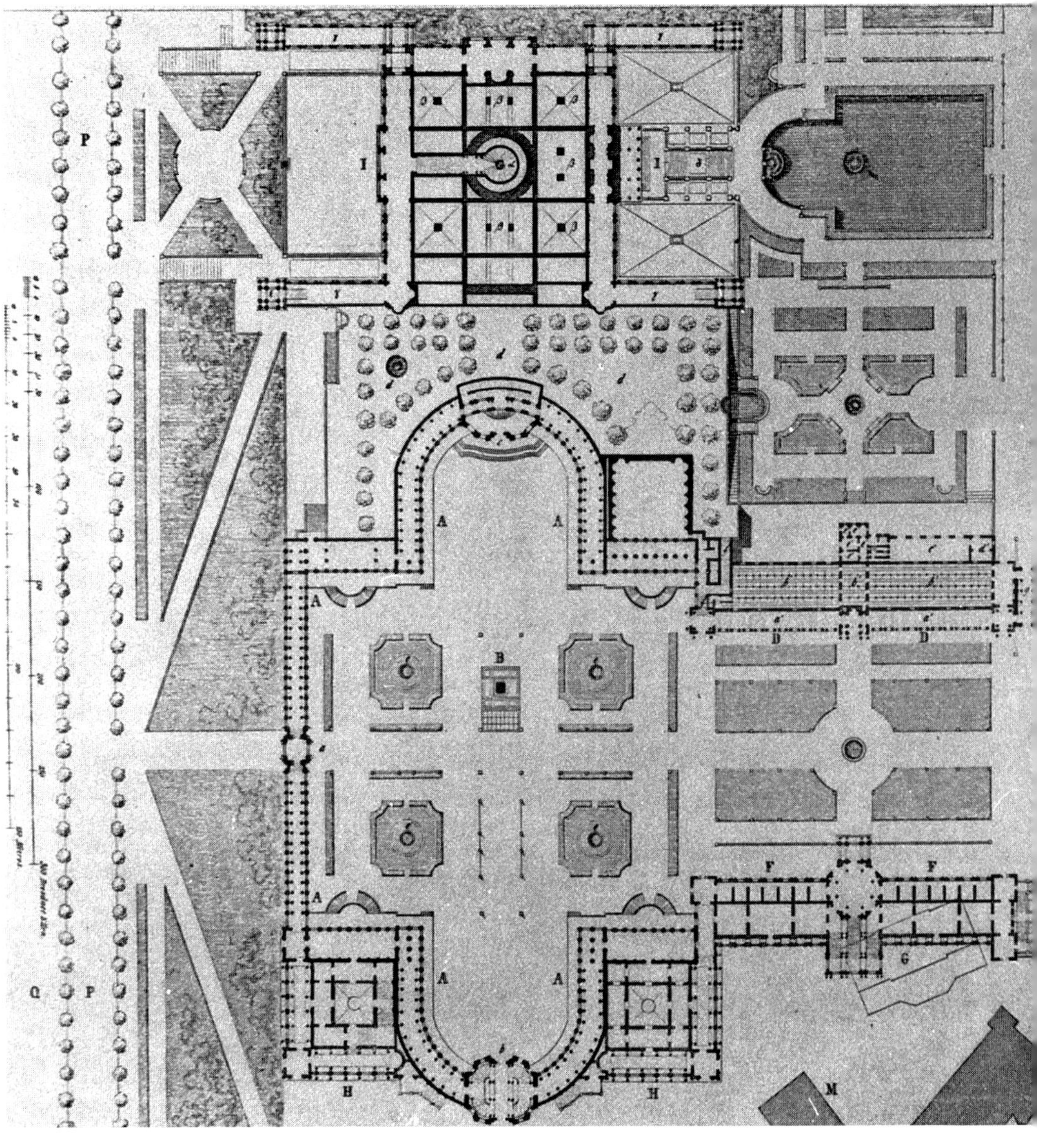

Lange wehrte sich Semper gegen die einfachste Lösung des Galerieproblems, mit der Gemäldegalerie den Zwingerhof zu schließen und dessen Anlage damit so zu vollenden. Er argumentierte mit der Brandgefahr, die vom Opernhaus ausging (Theaterbauten besaßen im 19. Jahrhundert wegen ihrer offen brennenden Kerzen- oder Gasbeleuchtung eine durchschnittliche Lebensdauer von lediglich 14 Jahren), und mit den beschränkten Platzverhältnissen zwischen den bestehenden Zwingerflügeln. Weil aber ein so prominenter Bauauftrag mit all seinen Einschränkungen doch besser war als keiner, bequemte er sich schließlich, die Gemäldegalerie als Zwingerabschluß zu bauen. Bei der Planung ging er vom Projekt aus, das er für den Standort Stallwiese in Dresden-Neustadt entwickelt hatte (siehe Seite 68).

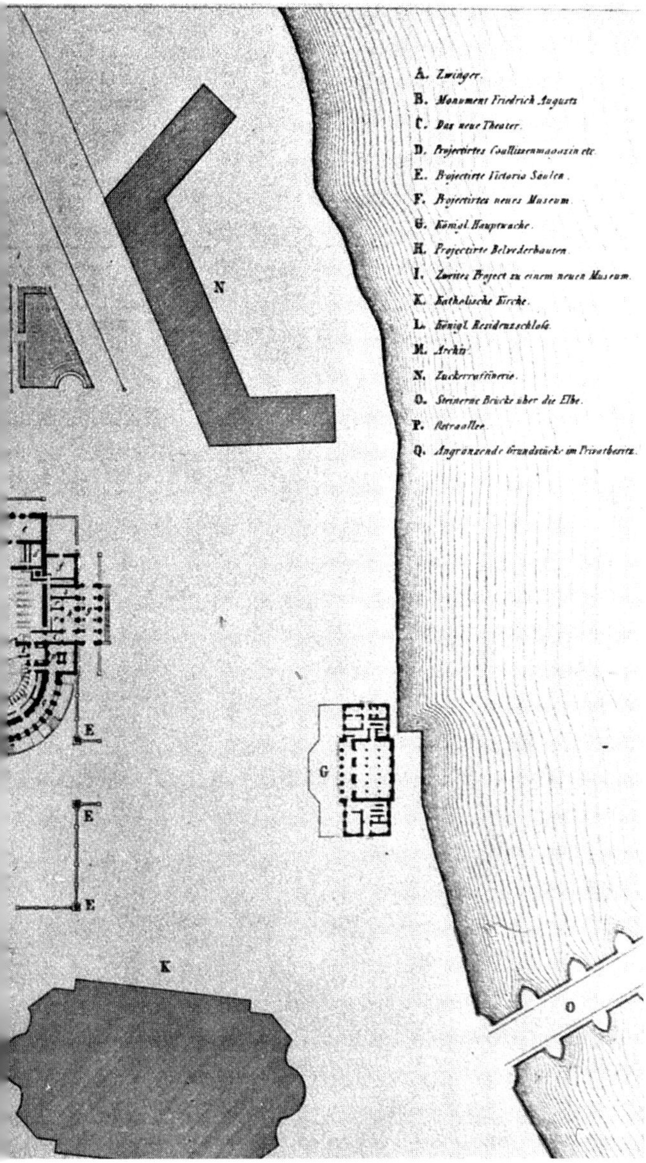

Folgende Doppelseite: Stadtplan von Dresden mit Sempers Eintragung der von ihm vorgeschlagenen Standorte für die Gemäldegalerie.

Das grosse Ostra Gehege
Neustadt
E L B
Kleines Ostra Gehege
Des Prinzen Johann Garten
Packhof
Zuckersied.
Kön. Ställe
Lorbeergarten
Ostra Allee
Friedrichstadt
Weisseritz
Viehweide
Schiesshaus
Zwinger
Theater
Schloss Platz
Kathol. Kirche
Kön. Schloss
Prinzen Palais
Gr. Opern Haus
Kathol. Freischule
Wilsdruffer Platz
Wilsdruffer Gasse
Post
Antons Platz
Erziehungs- und Arbeits-Anstalt für Blinde
Fischersdorf
Armenhaus
Freiberger Platz
Freiberger Strasse
Poppitz
St. Annen Kirchhof
Hesse's Garten
Dippoldiswalder Platz
Blochmanns Erziehungsanstalt
Mühlgraben
Papier Mühle
Erklärungen

resden
Stallwiese
STROM
Vogelwiese
Elias Kirchhof
Rampischer
Holz-
Hof
Ehrliche Schulgarten
Garten
Holzplatz
Jädicke's Garten
Zeughaus
Rampische Gasse
Botanischer
Garten
Neu-Markt
Pirnaischer
Platz
Landhaus
Böhmischer od.
Johannis-
Kirchhof
Rothes Haus
Pirnaische Gasse
Pr. Maximilians Garten
Bürger-
Wiese
TADT
Grosser
Garten
GRUNDRISS
der
Haupt u. Residenz Stadt
DRESDEN
nebst den

1842/43 Projekte für das Stadtzentrum in Hamburg

Gleichzeitig mit den Arbeiten für das Zwingerforum entwickelte Semper auch Vorstellungen für die Neugestaltung des Stadtzentrums von Hamburg nach dem Brand vom Mai 1842. Neben den architektonischen Ideen (siehe Seiten 36, 118 und 130) entstanden auch Visionen für die Anlage des Regierungsbereichs. Alle zielten darauf ab, die Repräsentationsbauten direkter mit dem Wasser, der Kleinen Alster und dem Alsterfleet, zu verbinden und diese Bauten untereinander direkter in Beziehung zu setzen. Die hier wiedergegebene Planskizze zeigt einen Rathaus- und Börsenkomplex mit mehreren Innenhöfen und einem Vorplatz, der in die Kleine Alster vorragt. Die Nikolai-Kirche, mit einem sonst unbekannten Grundriß, wird nahe an die Straßenachse des Burstah herangerückt. Auf dieser Achse bildet eine Säule den Drehpunkt zwischen Straßenraum und Kirchhof. Auch auf den Querachsen der Rathausanlage dienen Denksäulen als Blickpunkte der dort zusammenlaufenden Straßenachsen.

Planskizze vom 26. Mai 1842; Bleistift, aquarelliert.

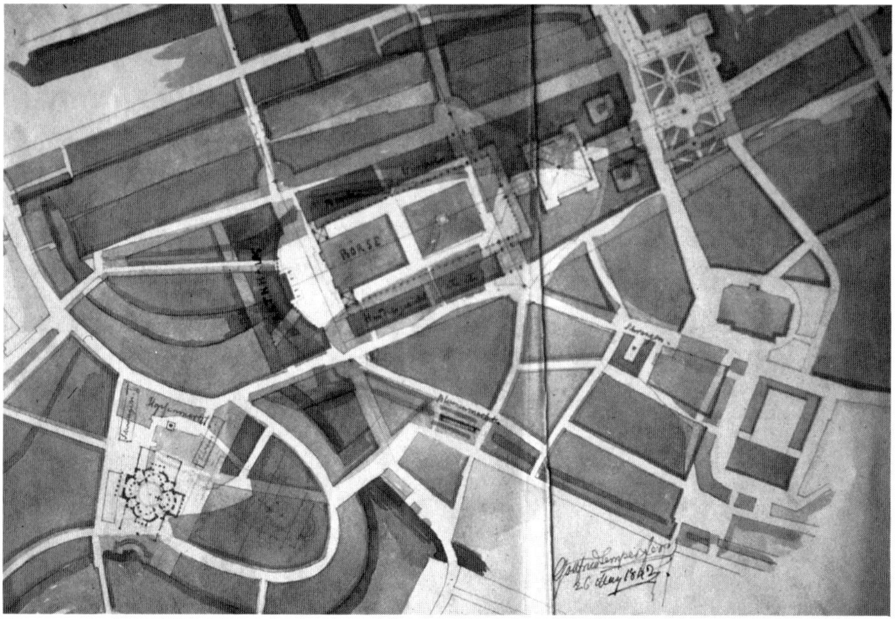

1857 Entwürfe für die Neuanlage des Kratzquartiers in Zürich

Sempers Wettbewerbsprojekte für das Kratzquartier südlich des Fraumünsters suchen neben einer regelmäßigeren Gestaltung der einzelnen Baublöcke und einer sinnvollen baulichen Umgebung der Fraumünsterkirche und der ihr benachbarten städtischen Post eine städtebauliche Verbindung der Stadt mit dem Wasser. Als nachweislich erster schlug Semper vor, daß sich dieser seenächste Teil der Stadt nun auf den See ausrichten sollte, nachdem sich Zürich bisher als Brückenstadt an der Limmat verstanden hatte. Sempers Idee wurde damit zum Ausgangspunkt der heutigen Ausrichtung Zürichs auf «seinen» See.

Wie bei ihm üblich, lieferte Semper aber auch eine unspektakulärere Version dieser Idee, nach der sich das Rathaus auf die Limmat ausgerichtet hätte (siehe Seite 122). Keiner dieser Entwürfe wurde damals realisiert. Aber das heutige Stadthaus neben der Fraumünsterkirche und die heutige Seequai-Anlage gehen auf Intentionen Sempers zurück.

Das Kratzquartier mit dem auf den See ausgerichteten Rathaus; Tusche, aquarelliert.

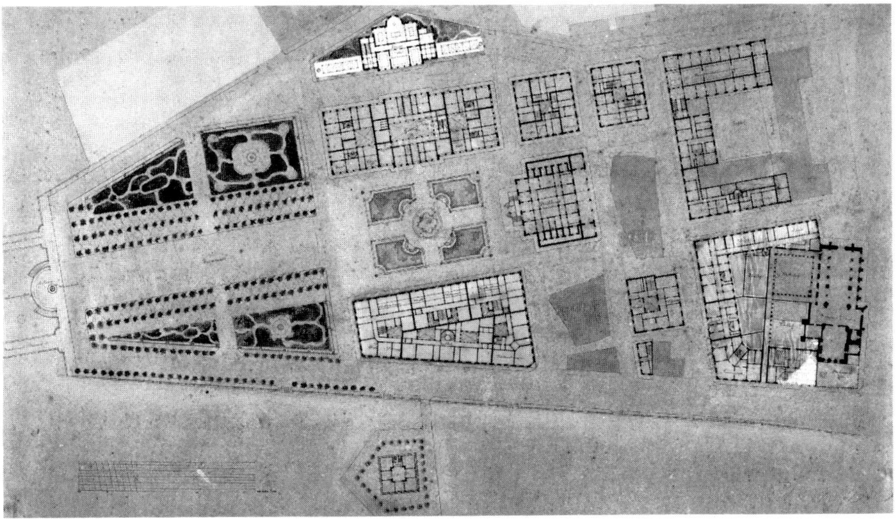

Das Kratzquartier mit dem auf die Limmat ausgerichteten Rathaus; Tusche, aquarelliert.

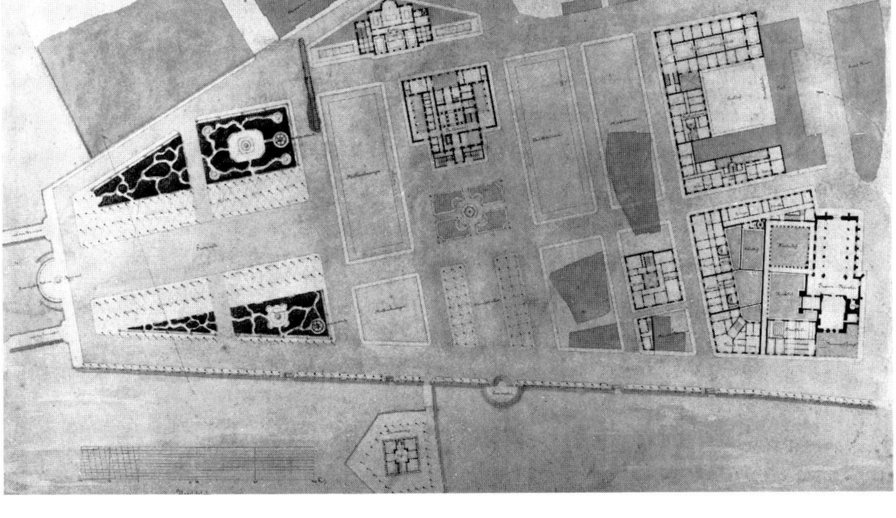

1866/67 Einbindung des Festspielhauses in den Stadtkörper Münchens

Semper sah drei mögliche Standorte für sein Großes Festspielhaus: Als Abschluß des Hofgartens der Residenz, wo später das Heeresmuseum errichtet wurde (hier nicht dargestellt). – Am Ende einer Prachtstraße, die den südlichen Abschluß des Englischen Gartens gebildet und von der erhöhten Lage am östlichen Isarufer aus über den Hofgarten hinweg eine optische Verbindung zwischen dem Festspielhaus und dem Odeonsplatz geschaffen hätte. –

Straße als Abschluß des Englischen Gartens; Tusche, aquarelliert, bezeichnet «G Semper 1866».

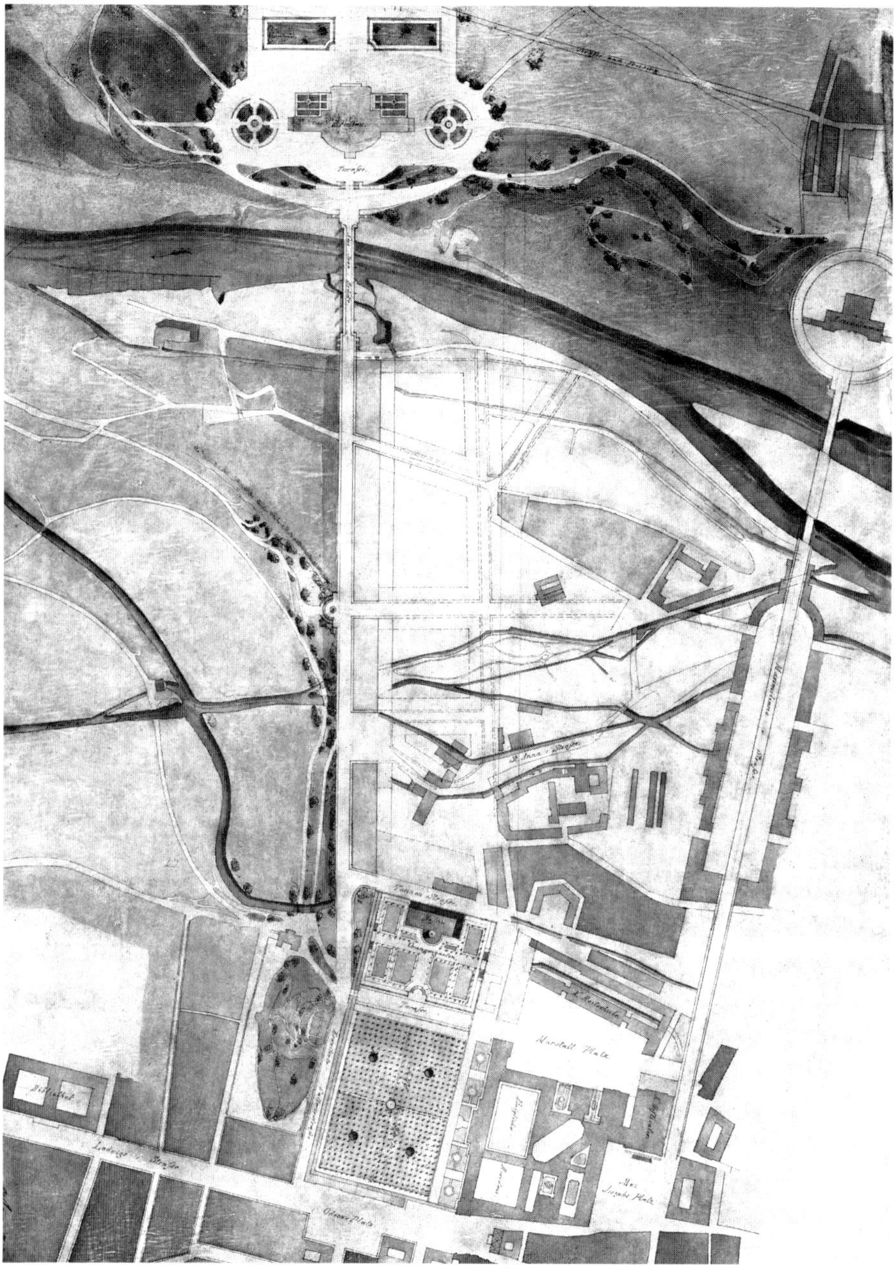

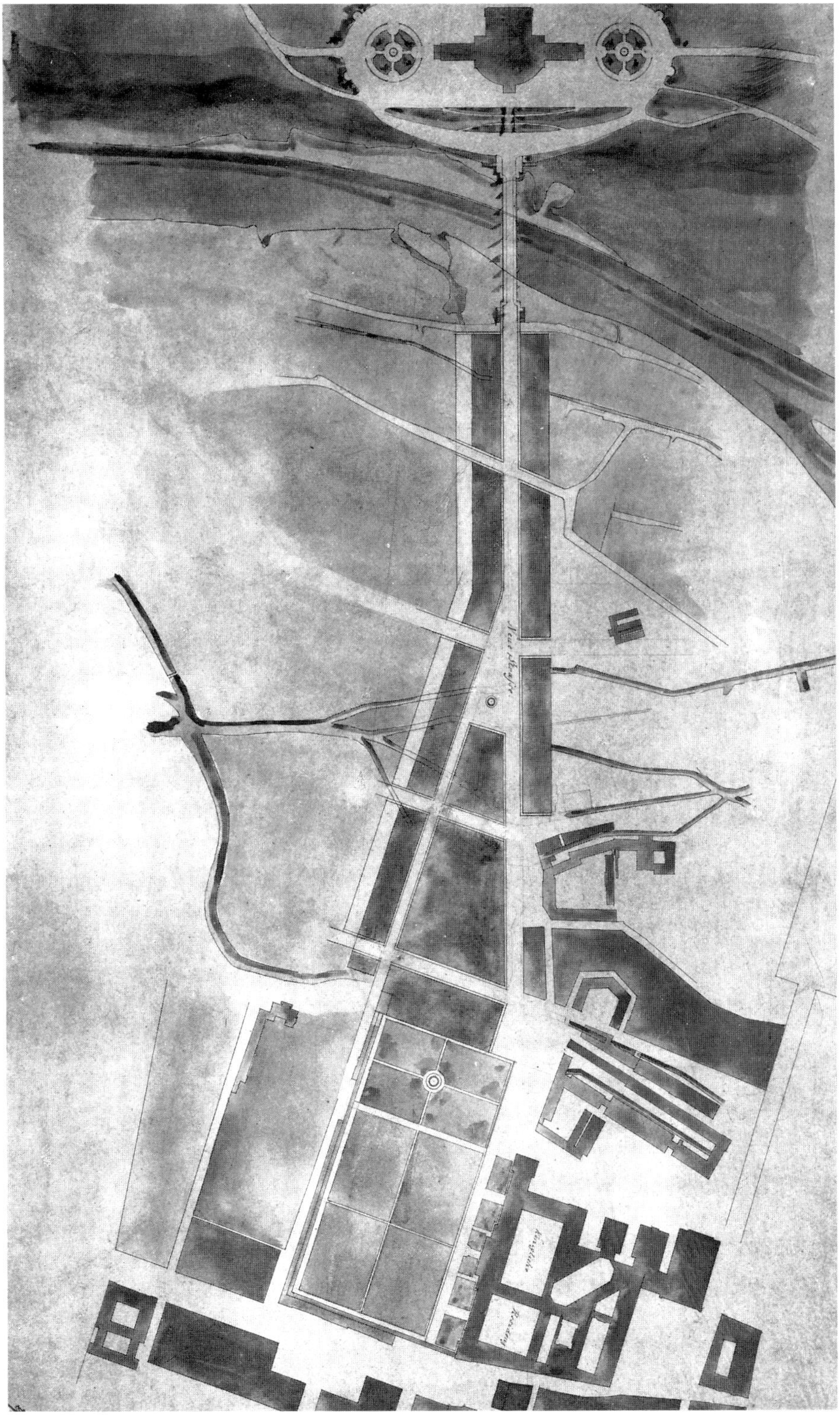

Straße als Verbindung zwischen Residenz und Festspielhaus; Tusche, aquarelliert, bezeichnet «G Semper f. 1867».

Ebenfalls am Ende einer Art «Ludwig II.-Straße», ähnlich der Ludwig- oder Maximilianstraße, die über die Isar hinweg den Festspielbau mit der Ostecke des Hofgartentrakts der Residenz verbunden hätte.

Diese beiden Konzepte sind Vorgänger der Prinzregentenstraße, die heute das Prinz-Carl-Palais mit der Siegessäule verbindet, ungefähr deren Stelle Semper für das Festspielhaus vorgesehen hatte.

Skizzen des Verfassers mit Auszeichnung der Straßenachsen.

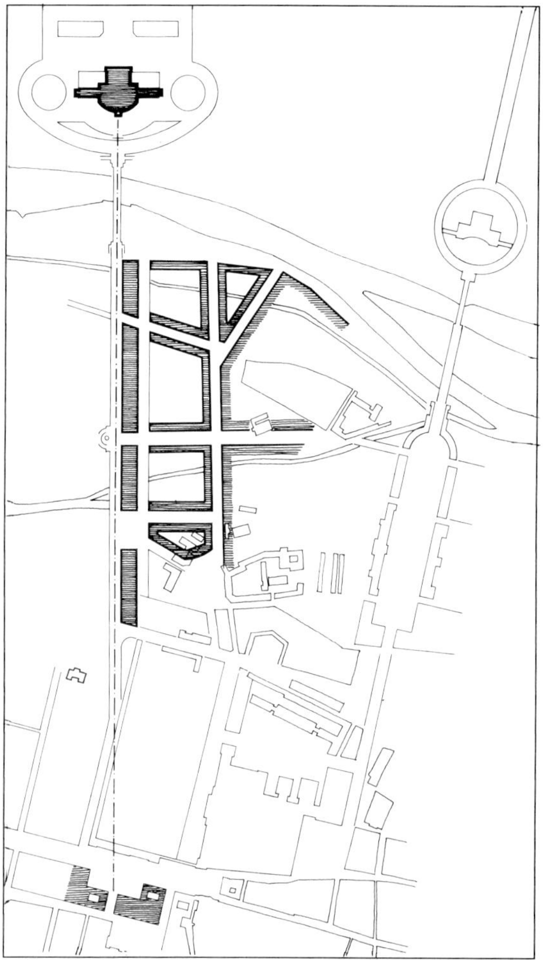

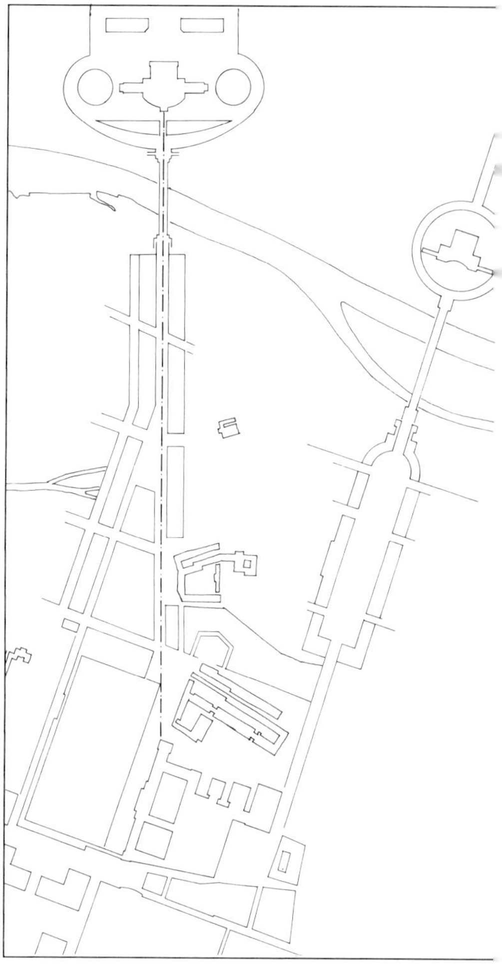

1869–1876 Das Kaiserforum in Wien

Die Idee des Dresdner Zwingerforums hatte Semper nie mehr ganz losgelassen. Der tiefrechteckige Platz mit den Ausbuchtungen am Ende schien ja schon in den Kaiserforen Roms vorgebildet. Was lag da näher, als eine solche Anlage für die Hofburg des Kaisers in Wien vorzuschlagen, nachdem sie in Dresden und in London – wo er für einen Wettbewerb für Regierungsbauten in Whitehall ebenfalls ähnliches entworfen hatte – nicht hatten realisiert werden können. Der Lageplan für den Ausbau der Hofburg vom 20. Dezember 1869 bildete die Grundlage zum Auftrag an Semper und Carl Hasenauer für den Bau der Anlage, was Semper 1871 nach Wien übersiedeln ließ.

Fünf Jahre später – die Museen und das Burgtheater waren noch nicht über die Grundmauern hinausgewachsen, die Hofburgerweiterung noch nicht begonnen – zog sich Semper aus dem Unternehmen zurück. Es bleibt sein Verdienst, diesem Teil Wiens seine Form gegeben zu haben. Auch das Äußere der Museen wurde weitgehend durch Sempers Vorstellungen geprägt, den Bau des Burgtheaters, abgelöst von der Hofburg und als Gegenüber des Rathauses verwendet, erlebte Semper nicht mehr.

Ausschnitt aus dem Lageplan für den Ausbau der Hofburg vom Dezember 1869.

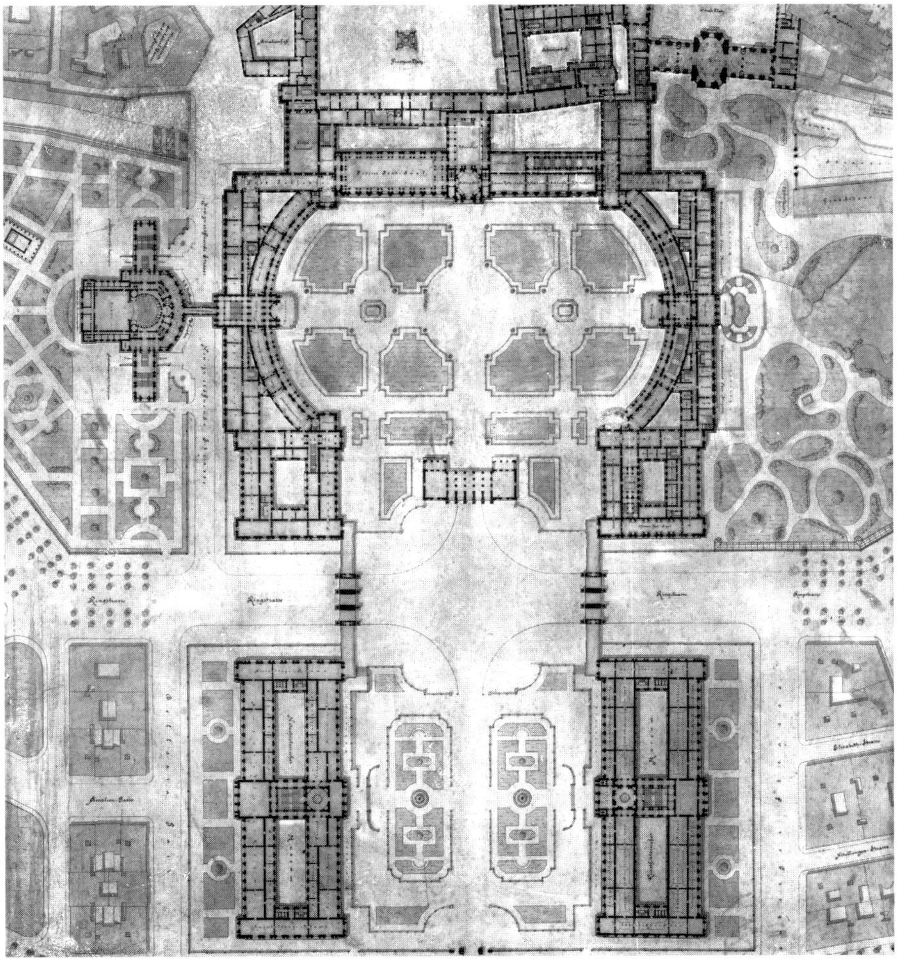

Ansicht des Südflügels der Hofburg und des Kunsthistorischen Museums, Aquarell von Rudolf von Alt 1873.

Ansicht der Hofburg von Süden, Aquarell von Rudolf von Alt.

Kunstgewerbe

Schon während der großen Reise wurde Sempers Interesse offenbar auch auf kunstgewerbliche Dinge gelenkt: Wandmalereien, griechische Vasen, Reliefs der Trajanssäule, Gewänder und Schmuck – alles das taucht in den Reiseskizzen bereits auf. Während aller Lebensphasen entstanden gleichsam nebenher Entwürfe zu kunstgewerblichen Gegenständen. Sie sind im einzelnen schwer zu unterscheiden von Architektur und Architekturschmuck: Als Teil der Innenausstattung wurden sie als Architekturbestandteile betrachtet, als Brunnen- oder Denkmalplastiken als Teil der Freiraumgestaltung. Hier sollen einige streng ausgewählte Gegenstände und Entwürfe die Breite des Semperschen Interesses auf diesem Gebiet dokumentieren.

Stube im Rütlihaus am Vierwaldstättersee.

Salon in Schloß Oberhofen am Thunersee.

Empfangszimmer in der Münchner Residenz.

Rudolf-von-Erlach-Denkmal in Bern.

1835 Denkmal für König Friedrich August I., den Gerechten

Der Auftrag zur Gestaltung des Sockels für das Sitzbild des Königs, das Ernst Rietschel schon 1829 begonnen hatte, erging 1835. Er bildet den Auftakt zu Sempers Arbeit für das Zwingerforum. Innerhalb des Zwingers stand das Denkmal dann auch bis zur Restaurierung des Zwingerhofs zwischen den Weltkriegen. Seither befindet es sich neben dem Japanischen Palais.

Aufnahme des Denkmals an seinem alten Standort im Zwinger.

1836 Prachtvase

Forschungen im Hinblick auf die Dresdner Ausstellung zum 100. Todestag Sempers 1979 haben ergeben, daß der Entwurf zur Vase bereits 1836 entstanden ist. Fast einen Meter hoch und rund 40 Zentimeter breit schaffte sie beim Brand so viele Probleme, daß sie erst 1849 fertiggestellt wurde. Sie bildete einen – unbeachteten – Teil der Präsentation der Meißner Manufaktur an der Weltausstellung 1851 in London. Die Vase ist seit dem Zweiten Weltkrieg verschollen.

Aufnahme der Prachtvase.

1843 Cholera-Brunnen in Dresden

1843 stiftete Eugen von Gutschmid einen Brunnen, den Semper auf Wunsch des Stifters in gotischen Formen entwarf. Der Bildhauer J. M. Seelig führte die Brunnenplastik aus. Der Brunnen steht noch immer zwischen dem Zwinger und der Dresdner Altstadt.

Aufnahme des Brunnens, um 1900.

1851 Punschbowle

Während seiner Auseinandersetzung mit den Problemen der kunstgewerblichen Gestaltung entwarf Semper selbst – quasi als Vorbilder und als Erklärungen seiner Theorien – einige kunstgewerbliche Gegenstände. Diese Entwürfe waren wohl weit mehr zur Illustration seiner Publikationen bestimmt als zu Vorlagen für künftige Ausführungen. Der reiche Entwurf der Punschbowle, in Sempers «Der Stil» abgebildet, wurde so bekannt, daß ein Hamburger Bürger, Edmund I. A. Sieber, die Bowle 1906 vom Hamburger Goldschmied Alexander Schönauer genau nach Sempers Zeichnung im dortigen Museum für Kunst und Gewerbe ausführen ließ und dem Senat der Hansestadt schenkte.

Entwurf zur Punschbowle; Bleistift, bezeichnet «GS fec. 1851».

1858 Taktstock für Richard Wagner

Vor einem Hauskonzert bei Mathilde Wesendonck Ende April 1858 überreichte deren Tochter Wagner einen aus Elfenbein gedrechselten Taktstock. Er war mit Schmucksteinen besetzt und mit den Inschriften in Runenform «Nibelungen / Rheingold / Walküre / Siegfried / Tristan und Isolde» graviert. Der Entwurf stammte von Semper, die Ausführung besorgte Drechsler Sieber in Zürich. Wagner beschrieb die nähern Umstände dieses Geschenks in seiner Autobiographie «Mein Leben». Der Taktstock selbst befand sich bis zum Zweiten Weltkrieg im Museum Wahnfried in Bayreuth.

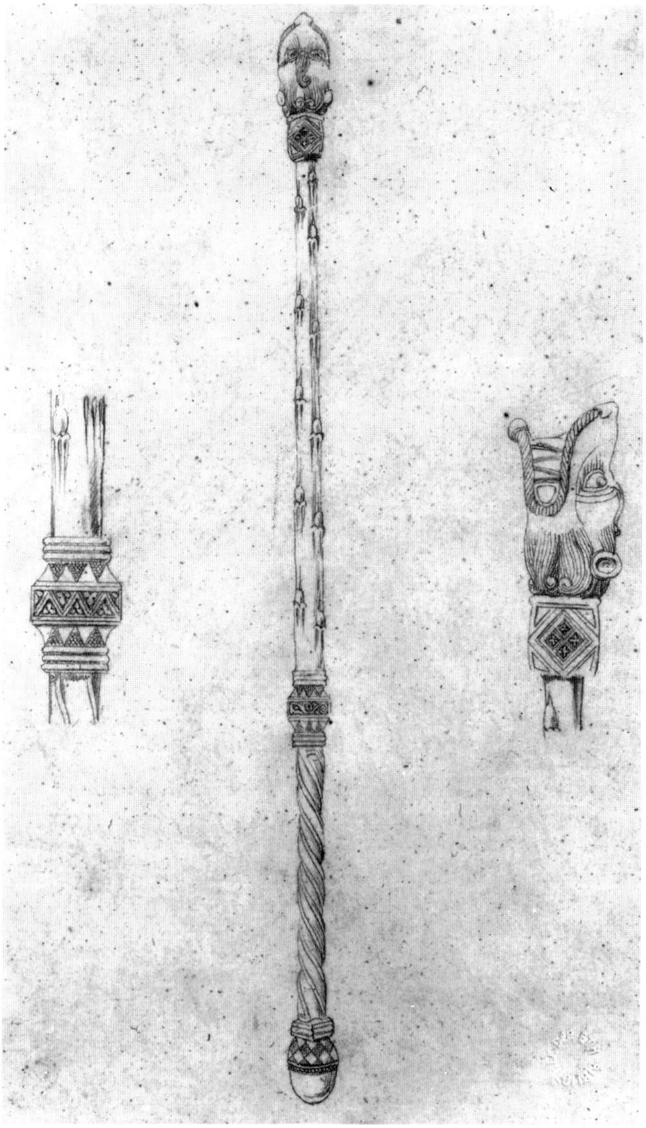

Entwurf zum Taktstock; Bleistift.

1861 Tafelaufsatz

Am 16. Juli 1861 feierten Sempers Bruder Carl und dessen Frau Louise, geborene Reincke, in Altona ihre Silberhochzeit. Semper entwarf für diesen Anlaß, wohl im Auftrag seiner Familie, einen silbernen Tafelaufsatz, der damals ausgeführt wurde. Entwurfszeichnung und Tafelaufsatz sind verschollen.

Entwurfszeichnung für den Tafelaufsatz, in der Mitte Monogramm L C (Louise, Carl); Bleistift, bezeichnet «G Semper fec», darunter Herstellungsanweisungen.

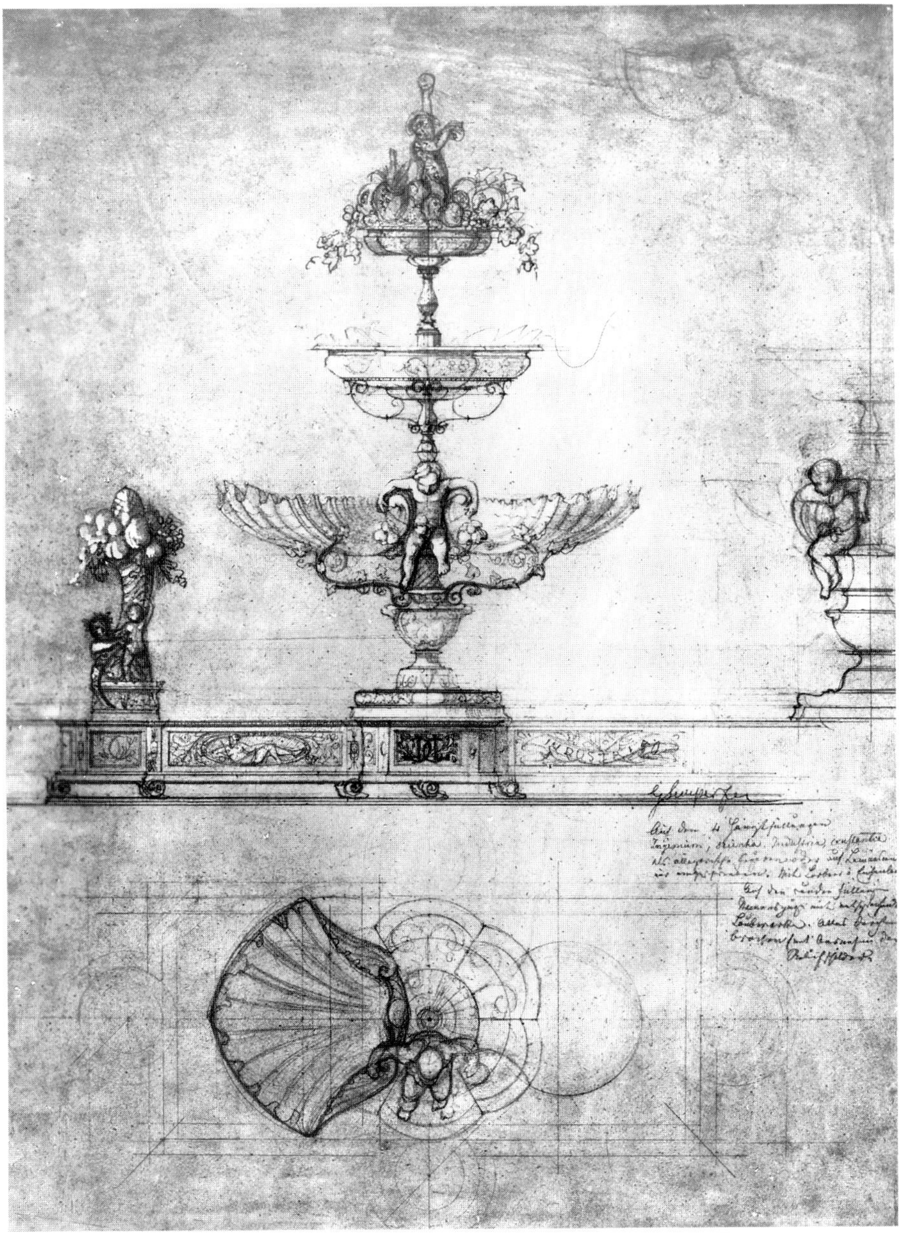

Zeittafel

1803 Am 29. November wird Gottfried Semper als drittes Kind von Christian Gottfried Emanuel Semper (1768–1831) und Johanna Maria geb. Paap (1771–1857) in Altona geboren.
Friedrich Gottlob Klopstock stirbt. – J. D. Falk schreibt «O du fröhliche...» – Justus Liebig, Chemiker, geboren.

1804 1. Januar: Gottfried wird in der deutsch-reformierten Kirche in Altona getauft.
Schiller schreibt «Wilhelm Tell».

1813 Schlacht bei Leipzig, Ende von Napoleons Herrschaft über Europa.

1819–1823 Besuch des Gymnasium Johanneum in Hamburg.

1823 17. Oktober: Immatrikulation an der Universität Göttingen.

1825 Abgang von der Universität, um einen «thätigen Beruf» zu erlernen. Kontakte mit dem Bauwesen in München und Regensburg. Flucht nach einem verbotenen Duell.

1826 10. Dezember: Ankunft in Paris und Aufnahme im Atelier von Christian Gau (1790–1853) als Architekturstudent.

1830 Juli-Revolution in Paris. Semper ist Augenzeuge.
Louis Philippe wird König der Franzosen.
Oktober: Beginn der großen Reise, Paris, Genua, Pisa, Florenz. Anfang Dezember, Ankunft in Rom.
Kaiser Franz Joseph I. von Österreich geboren.

1831 Ende Februar: Ankunft in Neapel; Mitte Mai: Paestum, Sizilien; Anfang Oktober: Semper in Nauplia, Griechenland; Anfang November: Ankunft in Athen.
Untersuchung der Akropolis und des Theseus-Tempels, überall Spuren antiker polychromer Fassungen.

1832 Juli: Rückreise nach Italien, für zwei Monate in Pompeji, reist im November nach Rom.
Untersuchung der Trajanssäule, Niederschrift des Aufsatzes «Scoprimento d'antichi colori...»
Bekanntschaft mit dem Altonaer Etatsrat Donner bei Bertel Thorvaldsen.

1833 August: Heimreise über Orvieto, Florenz, Mailand und Venedig.
Manuskript des Forschungsberichts an Gau abgeschickt. Es kommt nie dort an.
25. Dezember: Besuch bei Karl Friedrich Schinkel in Berlin.

1834 1. Januar: Neujahrsfeier mit der Familie in Altona; die große Reise ist beendet.
Niederschrift der «Vorläufigen Bemerkungen», die die Entscheidung im Polychromiestreit herbeiführen.
Entwurf und Baubeginn des Pavillons im Donnerschen Garten bei Altona.
Berufung zum Architekturprofessor an die Kunstakademie Dresden (von Gau empfohlen).
25. September: Ankunft in Dresden.
30. September: Untertaneneid, Semper wird Sachse und damit Deutscher.

1835 1. September: Heirat mit Bertha Thimmig in Dresden (geboren am 9. November 1810 in Dresden, gestorben 1859 in Zürich).
Beginn der Planungen zum Zwingerforum.

1836 Geburt der Tochter Elisabeth (später verheiratet mit Bürgermeister Mölling in Kiel, gestorben 1872).
Gestaltung der Antikensäle im Japanischen Palais in Dresden.
Bis 1849 Vasen in Meißener Porzellan.

1837/38 **Maternispital an der Freibergerstraße in Dresden.**

1838 Geburt des Sohnes Carl Manfred (später Architekt in Hamburg, gestorben 1913).
Museumsprojekt für die Stallwiese in Dresden-Neustadt.
Bis 1840 Bau der Synagoge in Dresden.
Bis 1841 Bau des ersten Hoftheaters in Dresden.

1839 **Erstes Museumsprojekt als Abschluß des Zwingers.**
Bau der Villa Rosa an der Holzhofgasse in Dresden-Neustadt.

1840 **Museumsprojekt am Zwingerwall.**

1841 Geburt des Sohnes Conrad Julius (später Kaufmann in den USA).
12. April: Eröffnung des Hoftheaters in Dresden.

1842 Brand von Hamburg vom 5. bis 8. Mai.
Bis 1845 Projekte für den Rathausneubau in Hamburg.
Richard Wagner wird Kapellmeister am Hoftheater in Dresden, Freundschaft mit Semper.

1843 Geburt der Tochter Anna Catherina (später verheiratet mit Professor Sickel in Wien).
Enthüllung des Denkmals für König Friedrich August I. im Zwinger.
Bau des Cholerabrunnens in Dresden.
Bis 1844 Bau des Wohnhauses für Sempers Mutter an der Kirchenstraße in Altona.
Bis 1844 Projekte für die Nikolaikirche in Hamburg.

1845 Geburt des Sohnes Hans Gottfried (später Professor für Kunstgeschichte in Innsbruck).

Bis 1848 Bau des Palais Oppenheim an der Bürgerwiese in Dresden.
Bis 1855 Bau der Gemäldegalerie am Dresdner Zwinger.

1848 Geburt des Sohnes Gottfried Emanuel (später Bildhauer).
Deutsche Nationalversammlung in der Frankfurter Paulskirche. – König Louis Philippe dankt ab. – Franz Joseph I. wird Kaiser von Österreich.

1849 Mai-Aufstand in Dresden, Barrikadenbau durch die «Akademische Legion». Semper ist deren Mitglied. Niederschlagung durch preußische Truppen.
16. Mai: Steckbrief gegen Semper, Richard Wagner, August Röckel und andere. Flucht: die Familie bleibt bis 1855 unbehelligt in Dresden.
30. Mai: in Karlsruhe.
10. Juni: Ankunft in Paris, Aufnahme durch Freunde aus der Zeit der Ausstattung des Hoftheaters in Dresden.

1850 Mai: Plan, nach Amerika auszuwandern.
Projekt für die Synagoge in Paris.
28. September: Abreise nach London.

1851 **Entwürfe für die Punch-Bowle (erst 1903 ausgeführt).**
Aufbau der verschiedenen Abteilungen an der Weltausstellung in London.
Entwurf und Ausführung des Bestattungswagens für den Herzog von Wellington in London.

1852 Napoleon III. wird Kaiser der Franzosen.

1854 Richard Wagner empfiehlt in Zürich Semper als Architekturprofessor.
Entwurf und Aufbau des «Mixed Fabrics Court» im Crystal Palace in Sydenham.
Entwurf für ein Theater im Crystal Palace in Sydenham.
Mitte September: Reise nach Zürich zu Besprechungen wegen der Professur am zukünftigen Eidgenössischen Polytechnikum.

1855 9. Februar: Ernennung zum Architekturprofessor am Polytechnikum.
Weltausstellung in Paris.
Entwurf und Ausführung des Kabinettsschranks.
11. Juli: Ankunft in Zürich.
16. Oktober: Unterrichtseröffnung des Eidgenössischen Polytechnikums in Zürich. Semper bezieht einen Jahresgehalt von fünftausend Franken.

1857 **Projekt für einen Bazar im Tiefenhof, Zürich.**
Bis 1858 Projekt für ein Theater in Rio de Janeiro.

1858 **Taktstock für Richard Wagner.**
Architekturwettbewerb für das Hauptgebäude des Eidgenössischen Polytechnikums.
Wettbewerb für ein neues Rathaus in Zürich und die Neugestaltung des Kratzquartiers.

1859 13. Februar: Bertha Semper-Thimmig stirbt in Zürich und wird auf dem privaten Promenade-Friedhof beerdigt.

1860/61 **Wettbewerb für den Neubau des Bahnhofs Zürich.**

1861 **Bau des Kirchturms in Affoltern am Albis.**
Tafelaufsatz zur Silberhochzeit von Johann Carl Semper.
Bis 1862 Projekte für ein neues Rathaus in Glarus.
Semper wird Ehrenbürger von Affoltern am Albis und dadurch, zusammen mit seiner Familie, Schweizer.

1862 **Projekte für einen Brunnen auf dem Rütli am Vierwaldstättersee.**
Bis 1864 Bau des Treichlerschen Waschschiffs in Zürich.

1863 Der sächsische Steckbrief gegen Semper wird zurückgezogen.
Bau der Villa Garbald in Castasegna (Schweiz); Bauleitung Manfred Semper.
Bis 1864 Projekt für eine Katholische Kirche in Winterthur.

1864 Ludwig II. wird König von Bayern (bis 1886). – Preußisch-Dänischer Krieg.
Projekte für die Villa Rieter in Zürich-Enge.

1865 **Bis 1867 Bau des Textilhandelshauses Fierz in Zürich-Fluntern.**
Bis 1869 Projekte für ein Richard-Wagner-Festspielhaus in München.
Bis 1870 Bau des Stadthauses Winterthur.

1866 Preußisch-Österreichischer Krieg; 3. Juli: Schlacht bei Königgrätz.
Projekt für einen Kursaal in Baden (Schweiz).

1868 **Mitglied des Preisgerichts im Wettbewerb für das Teatro Massimo in Palermo.**

1869 **Mitglied des Preisgerichts im Wettbewerb für den Dombau in Berlin.**
21. September: Brand des ersten Hoftheaters in Dresden.
Auftrag zur Planung des Kaiserforums in Wien.
Mitglied des Preisgerichts im Wettbewerb für das Rathaus in Wien.
Bis 1870 Projekt für die Börse in Wien.

1870 **6. Februar: Auftrag zum Neubau des Hoftheaters in Dresden.**
17. Juli: Bauauftrag für die Hofmuseen in Wien an Semper und Carl Hasenauer; (Eröffnung des Kunsthistorischen Museums am 10. August 1889, des Naturhistorischen Museums am 17. Oktober 1891).
Deutsch-Französischer Krieg; 28. August bis 2. September Schlacht bei Sedan, Napoleon III. in Gefangenschaft.

1871 18. Januar: deutsche Kaiser-Proklamation in Versailles.
26. April: Grundsteinlegung für das zweite Hoftheater in Dresden, Bauleitung hat Manfred Semper.
September: Semper übersiedelt von Zürich nach Wien.

1872 **Mitglied des Preisgerichts im Wettbewerb für den Bau des Reichstags in Berlin.**

1874 **16. Dezember: Erster Spatenstich für das Burgtheater in Wien**
(Eröffnung am 14. Oktober 1888).
Winston Churchill geboren.

1876 24. März: Semper gibt die Mitwirkung an den Wiener Bauten auf und zieht sich aus der praktischen Arbeit zurück.
Mitglied des Preisgerichts im Wettbewerb für die Börse in Zürich.
Konrad Adenauer geboren.

1878 2. Februar: Eröffnung des zweiten Hoftheaters in Dresden. Semper befindet sich aus gesundheitlichen Gründen in Venedig.

1879 15. Mai: Semper stirbt in Rom. Er wird auf dem protestantischen Friedhof an der Cestius-Pyramide begraben.
Honoré Daumier stirbt. – Paul Klee und Albert Einstein werden geboren.

Bibliographie

Sempers Publikationen (Auswahl)

Scoprimento d'antichi colori sulla colonna di Traiano. Datiert vom 10. Juli 1833; in: Bollettino dell'Istituto di Corrispondenza archeologica 1833, S. 92 ff.

Vorläufige Bemerkungen über bemalte Architectur und Plastik bei den Alten. J. F. Hammerich, Altona 1834

Die Anwendung der Farben in Architektur und Plastik. Auf Kosten des Herausgebers, 1 Lieferung mit 6 Tafeln, Dresden 1836

Über den Bau evangelischer Kirchen. In Commission bei B. G. Teubner, Leipzig 1845

Die vier Elemente der Baukunst. Vieweg und Sohn, Braunschweig 1851

Wissenschaft, Industrie und Kunst. Vieweg und Sohn, Braunschweig 1852

Der Stil in den technischen und tektonischen Künsten, oder praktische Ästhetik. Ein Handbuch für Techniker, Künstler und Kunstfreunde. Verlag für Kunst und Wissenschaft, Frankfurt am Main 1860 (Band 1); Friedrich Bruckmann's Verlag, München 1863 (Band 2)

Kleine Schriften. Herausgegeben von Hans und Manfred Semper, Berlin und Stuttgart 1884 (Reprint: Mittenwald 1979)

Schriften über Semper (Auswahl)

Ettlinger, Leopold: *Gottfried Semper und die Antike,* Diss. phil., Halle 1937

Fröhlich, Martin: *Gottfried Semper, zeichnerischer Nachlaß an der ETH Zürich;* Basel und Stuttgart 1974

Fröhlich, Martin: *Semper als Entwerfer und Entwurfslehrer,* ETHZ Diss., Typoskript 1974

Helas, Volker: *Einige unbekannte Zeichnungen Gottfried Sempers,* in: Jahrbuch für das Museum für Kunst und Gewerbe Hamburg, Bd. I, Hamburg 1982

Herrmann, Wolfgang: *Gottfried Semper im Exil,* Basel und Stuttgart 1978

Herrmann, Wolfgang: *Gottfried Semper, Theoretischer Nachlaß an der ETH Zürich;* Basel, Boston, Stuttgart 1981

Quitzsch, Heinz: *Die ästhetischen Anschauungen Gottfried Sempers,* Berlin 1962

Staatliche Kunstsammlungen Dresden (Hrsg.): *Gottfried Semper 1803–1879,* Dresden 1979 und Fribourg 1980

Stockmeyer, Ernst: *Gottfried Sempers Kunsttheorie,* Zürich 1939

Zoege von Manteuffel, Claus: *Die Baukunst Gottfried Sempers,* Diss. phil. Freiburg i. B., Typoskript 1952

Schriften über einzelne Bauten und Entwürfe Sempers

Affoltern am Albis

Fröhlich, Martin: *Der Kirchturm in Affoltern a. A. – ein vergessenes Kunstwerk,* in: Anzeiger aus dem Bezirk Affoltern, 128. Jahrgang. No. 24, Affoltern 26. März 1974

Baden (Schweiz)

Mittler, Otto: *Geschichte der Stadt Baden;* Bd. II: Von 1650 bis zur Gegenwart, Aarau 1965

Dresden

Däubler, Theo: *Sempers Fresken im Japanischen Palais zu Dresden,* in: Die Antike, Berlin und Leipzig, 8. Jg. 1932

Magirius, Heinrich: *Gottfried Sempers zweites Hoftheater,* Leipzig 1985

Hänsch, Wolfgang: *Die Semperoper,* Berlin und Stuttgart 1986

Helas, Volker: *Architektur in Dresden 1800–1900,* Braunschweig/Wiesbaden 1985

Löffler, Fritz: *Das alte Dresden,* Dresden 1958, Frankfurt 1966, Neuauflage: Leipzig und Frankfurt 1981

Mütterlein, Max Georg: *Gottfried Semper und dessen Monumentalbauten am Dresdner Theaterplatz,* Diss. TH Dresden, Dresden 1913

Hamburg und Altona

Francke, Bernhard: *Die Nikolaikirche nach dem Hamburger großen Brand,* Hamburg 1989

Schumacher, Fritz: *Wie das Kunstwerk Hamburg nach dem großen Brande entstand,* Reprint, Hamburg 1969

München

Eckhardt, Wolfgang: *Gottfried Sempers Planungen für ein Richard-Wagner-Festtheater in München,* in: Jahrbuch für das Museum für Kunst und Gewerbe Hamburg, Bd. III, Hamburg 1984

Habel, Heinrich: *100 Jahre Bayreuther Festspiele, geplante und ausgeführte Bauten Richard Wagners,* München 1985

Habel, Heinrich: *Die Idee eines Festspielhauses,* in: D. und M. Petzet, Die Richard-Wagner-Bühne König Ludwigs II., München 1970

Schwerin

Mansfeld, Heinz: *Das Schweriner Schloß und seine Baumeister,* in: Heute und Morgen, Heft 12, Schwerin 1949

Wien

Bayer, Joseph: *Das k. k. Hofburgtheater vor und nach der Rekonstruktion,* in: Die Theater Wiens, Bd. III (Supplement), Wien 1900

Ellenberger, Hugo: *Das Burgtheater, ein Führer durch das Haus,* 7. Aufl., Wien 1970

Lhotsky, Alphons: *Festschrift des Kunsthistorischen Museums zur Feier des fünfzigjährigen Bestandes 1889 bis 1939,* Wien 1941, Teil 1: Die Baugeschichte der Museen und der Neuen Burg

Planner-Steiner, Ulrike und Eggert, Klaus: *Friedrich von Schmidt/Gottfried Semper/Carl von Hasenauer,* Die Wiener Ringstraße Bd. 8/2, Wiesbaden 1978

Wagner-Rieger, Renate: *Wiens Architektur im 19. Jahrhundert,* Wien 1970

Wagner-Rieger, Renate und Egger, Gerhart: *Geschichte der Architektur in Wien,* Geschichte der Stadt Wien, Neue Reihe, Bd. VIII, 3, Wien 1973

Winterthur

Wegmann, Peter: *Gottfried Semper und das Winterthurer Stadthaus,* Winterthur 1985

Zürich

Eidgenössisches Polytechnikum: *Festschrift zum fünfzigjährigen Bestehen,* 2 Bde., Zürich und Frauenfeld 1905

Eidgenössische Technische Hochschule: *Festschrift zum 75jährigen Bestehen,* Zürich 1930

Fröhlich, Martin: *Die Bauschule am Eidg. Polytechnikum 1855–1915,* Architekturabteilung der ETHZ, Zürich 1971

Hundert Jahre Waschanstalt Zürich, Zürich 1960

Pfister, Arnold: *Johann Heinrich Fierz, seine Gattin Nina und Gottfried Semper,* in: Zürcher Taschenbuch auf das Jahr 1960, Zürich 1959

Zeitgeschichte

Benevolo, Leonardo: *Storia dell'architettura moderna,* Bari 1960, deutsch: Geschichte der Architektur des 19. und 20. Jahrhunderts, München 1978

Hammer, Karl: *Jakob Ignaz Hittorff,* Stuttgart 1968

Ley, Andreas: *Die Villa als Burg,* München 1981

Mignot, Claude: *L'architecture au XIXe siècle,* Fribourg 1983

Ponten, Josef: *Architektur, die nie gebaut wurde,* Stuttgart, Berlin, Leipzig 1927; Reprint: Stuttgart 1987

Sitte, Camillo: *Der Städtebau nach seinen künstlerischen Grundsätzen,* Wien 1889, Reprint: Techn. Hochschule Wien 1972

Vogt, Adolf Max, Christina Reble, Martin Fröhlich (Hrsg.): *Gottfried Semper und die Mitte des 19. Jahrhunderts,* Symposium an der ETHZ, Dezember 1974, Basel und Stuttgart 1976

Zeitler, Rudolf: *Die Kunst des 19. Jahrhunderts,* Propyläen Kunstgeschichte, Bd. 11, Berlin 1966

Bildnachweis

Sempers Erscheinung ist von Fotografien, Gemälden, Porträtskizzen und -büsten sowie einer Radierung recht gut bekannt. Das Semper-Archiv der Eidgenössischen Technischen Hochschule in Zürich verwahrt den größten Teil seines persönlichen Nachlasses: Die wohl fast vollständige Korrespondenz, nicht nur die zahllosen Briefe, die er erhalten hat, sondern auch viele seiner Brouillons zu den wichtigeren seiner eigenen Briefe; amtliche Dokumente (unter anderem den dänischen Reisepaß seiner Großen Reise 1830 bis 1833); Ehrungen und Erinnerungsgegenstände und die Manuskripte seiner Publikationen. Leider wurde der zeichnerische Nachlaß, soweit sich die Zeichnungen nicht ohnehin im Besitze seiner Auftraggeber befanden, von den Söhnen Sempers im Hinblick auf ihre eigenen Karrieren auf wichtige Institutionen der Wirkungsorte Sempers verteilt. So ist vieles und vom Schönsten heute durch Kriegseinwirkung verloren. Einige wichtige Aspekte, etwa Sempers Leben während seines Exils, sind erforscht. Das meiste aber harrt noch der Bearbeitung.

Amt für Bundesbauten, Zürich: 78 u, 79

Architektur-Sammlung Technische Universität München: 104, 105 u, 108 o, 112 o.

Archiv der Börse Wien: 92.

Archiv Martin Fröhlich, Bern: 33, 36, 37, 39 o/m, 44 ur, 51, 57, 63, 73 u, 93, 95 or, 107 o, 109, 117, 129, 143 u, 144, 145 ol/ur, 156, 161 or/ul.

Baugeschichtliches Archiv der Stadt Zürich: 55, 127 o, 145 or.

Denkmalamt der Freien und Hansestadt Hamburg: 53 u.

Eidgenössisches Archiv für Denkmalpflege, Bern: 39 u, 60, 86 m, 87, 119, 125, 126 o, 127 u, 128, 145 ul, 161 ol/ur.

Eidgenössische Technische Hochschule Zürich, Bibliothek: 148/149.

Eidgenössische Technische Hochschule Zürich, Graphische Sammlung: 78 o.

Institut für Denkmalpflege, Abteilung Messbild, Berlin: 45, 48 o, 53 o, 58, 68, 69, 70/71, 72 u, 72/73 o, 86 o, 88, 94/95 u, 95 ol, 98, 99, 100/101, 105 o, 106/107 u, 124, 126 u, 130, 131, 132, 133, 134/135, 136, 137, 139, 146/147 u, 150/151, 154, 155, 157, 158/159, 163, 165, 167.

Institut für Denkmalpflege, Arbeitsstelle Dresden: 59, 64, 65, 110/111, 162.

Institut für Geschichte und Theorie der Architektur (gta), ETH Zürich: Umschlagbild, 14, 22, 30, 32, 44 o/ul, 46, 54, 61, 67 o, 74, 75, 76, 77, 80/81, 82/83, 84/85, 86 u, 89, 90, 91, 96, 97, 112/113 u, 114/115, 120/121, 122/123, 138, 140, 141, 142, 143 o, 147 o, 153, 164, 166.

Ledermann, Wien: 116.

Museum für Kunst und Gewerbe, Hamburg: 52, 53 m, 103, 108 u.

Sächsische Landesbibliothek, Abteilung Deutsche Fotothek, Dresden: 48 u, 66, 67 u.

Staatsarchiv Hamburg: 36 om, 118, 152.

Zentralbibliothek Zürich: 47.